Bachér · Heute ist Sonntag

INHALT

sam-schöner Jahrmarkt der Eitelkeiten · Diese Hilflosig-
keit, wenn man jemanden im Krankenhaus besucht! · Die
große Täuschung: Von jeder Ehe sehen wir nur die Fassade · Wenn wir selbst im Mittelpunkt stehen: Der Film des
eigenen Lebens im Zeitraffer · Der Augenblick, in dem
man sich an einen Menschen nicht mehr erinnert ...

III. Arbeit ist das halbe Leben – oder?

»Das Leben verfliegt so schnell«: Der Preis der Frau für die
Karriere des Mannes · Wachwechsel in der Firma: Der
schwere Abschied vom »Alten« · Die Nüchternheit der
Frühmaschine und Träume in der Abendmaschine · »Warum arbeiten Sie noch?« – Die pensionierten Verführer mit
dem Tschubi-dubi-Gang · Kongresse – künstlich beatmet,
hart wie Beton, kühl wie Glas – und trotzdem fahren wir
hin · Was wissen wir wirklich vom Nächsten, mit dem wir
Tag für Tag zusammen sind? · »Gehe nicht zu Deinem
Fürst ...«: Termin beim Chef – wie auf einem anderen
Stern · Steigflug und Absturz: Konferenzen sind eine geheimnisvolle, gefährliche Welt · Der »Neue« in einer Firma
– aber die Schonfrist ist nur kurz · Von Aufsteigern und
Gestürzten: Wenn eine Sachbearbeiterin die Zukunft
durchrechnet

IV. Schön und traurig – Unsere kleine private Welt

Besuch in der alten Schule – sie war das Heimweh nicht
wert · Die alte Dame wird mir verzeihen – dachte ich · Der
Vorsatz zum Jahreswechsel: Keine guten Vorsätze mehr! ·
Das alljährliche Herbst-Theater: Wenn Männer erkältet
sind ... · Ein Enkel kommt – der wichtigste Besuch des
Jahres · Es gibt keinen Trost beim »Auflösen« einer Wohnung · Nach der »Hölle von Paris« – eine Tochter bittet ihre

Eltern um Verzeihung · Wenn ein Mensch nur noch auf die Rente wartet · Rückkehr aus dem Süden: Der Überfluß der Welt und das salzige Meerwasser · Verstecken Sie sich nicht am 60. Geburtstag! · Autofahrer im Nebel · »Mensch, du siehst fabelhaft aus!«

I.
DAS WUNDERBARE DING, DAS WIR LEBEN NENNEN

In den Sonntag hineingeschrieben:
Auf der Jagd nach der Zeit

Die Fairneß gebietet: Ich muß Sie warnen! Denn wenn Sie jetzt anfangen, diese Zeilen zu lesen, dann lassen Sie sich auf ein kleines Abenteuer ein – und ich auch. Das Abenteuer besteht darin, daß Sie mir Ihre Zeit schenken, also etwas sehr Kostbares –, und daß ich mich dieses Geschenkes würdig erweisen muß.

Denn die Sache, die ich von Ihnen haben will, ist flüchtig, zwar mit der Uhr zu messen, aber leider nicht unermeßlich, auch wenn wir es oft glauben. Es geht immer um ein Stück Lebenszeit, von der wir eines bestimmt nicht wissen: wieviel wir davon eigentlich noch im Gepäck haben.

*

Schauen wir genauer hin, entdecken wir eine in der Alltagsgeschäftigkeit versteckte Tatsache: daß wir Menschen alle ständig auf der Jagd sind – nach der Zeit des anderen! Unsere »Waffen« sind Telefongespräche, Einladungen, Briefe, Termine, Konferenzen, Familienfeiern, Kegelabende. Wir sind aber nicht nur Jäger, wir sind auch ständig Gejagte, haben ein schlechtes Gewissen, wenn wir uns bei einem Freund, einem Mitarbeiter lange Zeit einmal nicht gemeldet haben.

Und eine Angst ist ständig in uns: daß wir bei dem

ganzen Spiel des Lebens Zeit verplempern, oder, wie es der indische Dichter Tagore so schön sagte: »Ich weine meiner Unwürdigkeit, wenn ich mein Leben sehe in den Händen der nichtssagenden Stunden.«

Nein, wir wollen keine »nichtssagenden Stunden«, wir wollen erfüllte Zeit!

Wenn wir verliebt sind, können wir es nicht erwarten, endlich wieder mit dem liebsten Menschen zusammenzusein, weil sich erst dann die alltägliche Zeit in eine glückliche Zeit verwandelt.

Wenn wir uns auf einen Theaterabend, ein Buch, einen Krimi im Fernsehen einlassen, wissen wir erst am Schluß, ob sich unser zeitliches Engagement gelohnt hat – ob das wohl alle Schauspieler, Schriftsteller, Regisseure immer bedenken?

Wenn wir mit jemandem verabredet sind und er verspätet sich über Gebühr, fühlen wir uns verletzt, ja betrogen, weil wir plötzlich den Wert der Zeit ganz besonders schmerzhaft spüren.

Ein königliches Gefühl ist es, über seine Zeit frei zu verfügen. Aber wann gelingt uns das schon? Es gelingt ja nicht einmal den Menschen im sogenannten Ruhestand, die längst zu Meistern der Unruhe geworden sind!

Ja, wir sind alle auf der Jagd nach der Zeit – des anderen! Bei den Vielbeschäftigten, den Prominenten, den Mächtigen ist gar die Zeit schon ein Wert an sich. Wenn jemand dort gewesen ist, kommt unweigerlich die Frage, wie lange denn das Gespräch gedauert habe. – »Ich war zehn Minuten beim Bundespräsidenten«, klingt weniger interessant als die beiläufige Bemerkung: »Ich habe zwei Stunden mit Herrn von Weizsäcker gesprochen.«

*

Heute aber ist Sonntag, heute haben wir Zeit! Wir dürfen großzügig sein. Beim Gespräch mit der Frau, beim Spiel mit den Kindern, beim Briefeschreiben, ja, sogar beim Nichtstun. Ja, wir können das alles sogar richtig genießen, nicht so kurzatmig, wie es sonst geschieht.

Lassen Sie also diesen langen Tag schweben wie einen Luftballon. Schauen Sie mal den Wolken nach. Träumen Sie von einer Uhr, deren Zeiger abgefallen sind. Auch das Alleinsein gehört dazu, diese wunderbaren, so seltenen Augenblicke, in denen es uns gelingt, einmal nicht die Beute anderer Zeit-Jäger zu werden.

Wer die Jugend zurückholen will, wirkt irgendwie älter

Er wolle leben, nur noch »leben«, sagte er, und er ließ sich durch unsere Fragen, was er denn darunter genauer verstünde, in keiner Weise beirren. Ja, er wolle jetzt, da er gerade die Fünfzig überschritten habe, aus jedem Tag herausholen, was an Vergnügungen nur herauszuholen sei.

Vom Besten immer nur das Feinste. Keine Stunde verschenken. Allem Ärger aus dem Weg gehen. In den Beruf nicht mehr Kraft als nötig investieren. »Da muß doch für anderes etwas übrigbleiben.«

Die Melodie, die hier erklang, habe ich in der letzten Zeit so oft gehört, daß ich mich frage, welche hochgepeitschten Wünsche an das eigene Leben die Menschen auf ihrem Ego-Trip bewegen – kann das Leben denn wirklich ein einziges Fest sein?

Nun sah unser Freund nicht so glücklich aus, wie man angesichts seiner erstaunlichen Pläne vermuten könnte: Den Kurztrip nach Teneriffa hatte er gerade hinter sich (»Ich mußte einfach mal Sonne tanken«), jetzt will er eine Städtereise nach Rom einschieben, über Ostern soll dann Amerika an die Reihe kommen (»Der Flug muß nur noch bestätigt werden«) – ein Mann im Wettlauf mit seinem eigenen Schatten, und dabei in seiner Seele doch erkennbar nicht glücklich.

Denn das Dilemma, immer nur eines tun zu können und auf alle anderen Erlebnisse verzichten zu müssen – dieses Dilemma kann auch er nicht auflösen. Und so lebt er im Zeitraffer, die Eindrücke wechseln immer schneller, die Schauplätze werden immer bunter, die Dramaturgie gerät dabei unversehens aus der Balance – wo Lebenskunst doch gerade darin besteht, in der Balance zu bleiben – familiär, beruflich, körperlich, seelisch.

Natürlich beschäftigte dieser lebenshungrige Mann mit seinen Thesen (»Ich will mir noch ein Stück Jugend retten«) unsere abendlichen Gespräche. Keiner, der sich nicht insgeheim fragte, ob sein eigenes Dasein nicht ein bißchen zu still, zu farblos, ja, zu langweilig verläuft, ob er nicht auch ein bißchen mehr in sein Leben »hineinpacken« sollte. Wie überhaupt jedes Gespräch den – oft uneingestandenen – Zweck verfolgt, herauszufinden, wo die anderen uns voraus sind, welche von ihren Maximen für uns selbst Gültigkeit haben könnte.

Plötzlich, zur vorgerückten Stunde, waren auch die Philosophen im Spiel; wie könnte es anders sein, wenn nach dem Lebenssinn gefragt wird. Schopenhauer, Kant, Sartre, »New Age« wurden beschworen, sogar Martin Heidegger wurde zitiert, für den die Sorge und die Angst vor dem »Nichts« zum Grunderlebnis des Menschen gehört.

An dieser Stelle des Gesprächs sagte jemand, der die halbe Welt schon ganz und vom »Nichts« noch nichts gesehen hat, der uns allen in der Runde besonders weise, abgeklärt und gleichwohl immer noch lebensneugierig erschien, den entscheidenden Satz: »Wißt Ihr, jeder Mensch muß seinen eigenen Lebensrhythmus finden – und ihm dann einfach treu bleiben: Das ist das ganze Geheimnis.«

Und plötzlich sah der Mann, der immer auf der Flucht auch vor sich selbst ist und der uns vor Minuten noch so faszinierte, ein bißchen verloren aus: Wer die Jugend um fast jeden Preis zurückholen will, wirkt seltsamerweise irgendwie älter.

»Wir telefonieren bald«:
Nachdenken über den Verlust
eines Freundes

Seltsam, zwischen all den Briefen, die morgens gekommen waren, hielt ich einen besonders lange und unschlüssig in den Händen, öffnete das Kuvert mit leichtem Zögern.

Mir schien es, als ob von diesem völlig neutralen, mit Maschine adressierten Briefumschlag eine Botschaft ausginge, die nicht gut sein konnte – und die dann auch nicht gut war. Denn der Brief brachte mir die Nachricht vom Tode eines alten Freundes in Salzburg.

Wir hatten uns einige Wochen nicht gesehen, aber das war nicht ungewöhnlich – und das konnte deshalb auch nicht der Grund für meine Vorahnung sein.

Nun aber, während mich die Traurigkeit in Sekunden überfiel, drängte sich ein zweiter Gedanke in den Vordergrund – und der betraf nicht ihn, den ich nun verloren hatte, sondern mich selbst.

Denn jetzt waren plötzlich die Bilder alle wieder da, die die Erinnerung auf so wundersame Weise in uns bereithält – die Erinnerung an unseren letzten gemeinsamen Abend bei seinem Besuch in Hamburg.

Er war, im milden Licht des Restaurants konnte ich es gleichwohl gut erkennen, einen Ruck älter geworden, »es gab da eine böse Operation, aber nun ist alles wieder gut.« Und dann lachte er wie eh und je, hatte tausend Pläne. Reisen vor allem, eine Kreuzfahrt durch die Karibik war geplant, »mit meiner Frau, denn was sind wir ohne unsere Frauen«, und es war viel Helligkeit um ihn, und als wir uns trennten, rief ich ihm noch nach, während er ins Taxi sprang: »Wir telefonieren bald, laß uns nicht wieder eine so lange Pause einlegen.«

*

Und dann? Dann gab es diese Pause doch! Ein paarmal wollte ich ihn anrufen, ich hatte auch vor, ihn zu besuchen, aber Salzburg lag nicht auf dem Weg, die Flugzeuge jagen uns von Punkt zu Punkt, immer dahin, wo angeblich so Wichtiges wartet – Salzburg lag nicht am Wege.

Und nun? Nun lese ich die gedruckte Nachricht seiner Frau, die auch im Namen der Kinder, der ganzen Familie von dem Verlust kündet.

Und meine Worte von vor ein paar Wochen klingen in mir nach: »Wir telefonieren bald . . .«

Es waren meine letzten Worte an ihn; seine letzten Worte habe ich nicht mehr in Erinnerung, es ging ja alles so schnell, Abschied von guten Freunden geht immer schnell, man wird ja irgendwann wieder zusammenkommen, keine falsche Sentimentalität also.

Einen Moment lang schämte ich mich sogar. Warum hatte ich beim Anblick der Nachricht mehr an mich als an ihn gedacht? Warum verblüffte mich die dunkle Ahnung, die ich beim Öffnen des Briefes spürte? Warum beschäftigten mich meine letzten Worte so sehr und die Frage, ob sie nun, im Angesicht des Todes, Bestand haben? Warum quälte es mich, daß ich ihn nicht angerufen hatte, wie es doch versprochen war?

*

Ja, das Nachdenken über das Rätselhafte in uns Menschen kann sogar für Augenblicke das Mitleiden zur Seite schieben. Im Spiegel des Verlustes prüfen wir ganz schnell unser eigenes Gewissen. Und – eine zweite Traurigkeit stellt sich ein.

Gedanken zur Fasten-Zeit:
»Der ich bin, grüßt traurig den, der ich könnte sein.«

»Nein danke«, sagte er, »für mich bitte nur ein Mineralwasser!« Leichte Verwunderung in der weinseligen Runde, weil er, der Fröhlichste von allen, nun »ausgestiegen« ist. »Ich faste nämlich«, verrät er und schaut uns an, als ob wir anderen – die Schwachen, die Müden, die Immergleichen, die schwankenden Halme im Wind des Amüsements – Wesen von einem uralten Stern seien, den er längst verlassen hat.

Und dann gelingt ihm mühelos, was heute nur wenigen gelingt: daß wir alle gebannt zuhören. Denn er berichtet von dem Wunder einer neuen »Bewußtseinsstufe«, von dem »Einschwingen« des Körpers und des Geistes in ein nie geahntes Lebensgefühl.

Auf dem Heimweg beschließen wir, ab morgen ebenfalls einzuscheren in die Front all jener Lebenskünstler, die aus ihrem Dasein – wie es scheint – mehr herausholen als wir selbst.

Das Wort Friedrich Hebbels fällt mir ein: »Der ich bin, grüßt traurig den, der ich könnte sein.« Das ist, vor gut einhundert Jahren geschrieben, auch heute exakt die gültige Formel für unsere geheime Sehnsucht nach Veränderung – zum Besseren hin.

Denn in einer Zeit, in der die Menschen so zärtlich mit sich selbst umgehen wie nie zuvor, sind das genau die Botschaften, die Menschen bei ihrer unermüdlichen Sinnsuche hören wollen.

».. .der ich könnte sein«: Ist das nicht die Fata Morgana des gesunden, starken, erfolgreichen, allseits beliebten Menschen? Also beginnt der Kampf, schon beim Frühstück geht es los: Kann man sich die eine Zigarette zum Morgenkaffee nicht wenigstens heute noch einmal zum »Abgewöhnen« gönnen?

Ich beobachte, daß seine Aufzählung – »kein Alkohol, kein Fleisch, kein Fett, kein Zucker« – immer beschwörender wird, je länger er spricht.

*

Und wir Armseligen, die wir die Kurve in das entschlackte und befreite Leben noch immer nicht gefunden haben? Wir staunen, fragen, erbitten Broschüren, Informationen, wo und wie man diese Verwandlung erreichen kann, denn irgend etwas muß an der Askese ja »dran sein«.

Die Pastoren, die mit Erfolg vor Jahren in Hamburg die Aktion »Sieben Wochen ohne« starteten, haben den Fasten-Katalog längst erweitert: auf Fernsehen, Autofahren, Streitlust, Unpünktlichkeit, kurzum: auf all unsere kleinen alltäglichen »Laster«. Der Begründer der Aktion Pastor Martin Bethge will bis Karfreitag sogar seinen Fernseher »zukleben«.

Über eine halbe Million Menschen haben schon erkannt, daß sie die Welt mit ihren Schrecken nicht verändern können – sehr wohl aber sich selbst. Bleibt allerdings die Frage: Wenn das Glücksgefühl bei all den Versagungen eine so herrliche Erfahrung ist, warum dann eigentlich nur sieben Wochen lang?

Inzwischen werden die Schwachen die Starken bewundern – und »traurig den grüßen, der sie selber sind«. Mit dem einzigen Trost, daß die manchmal geradezu überirdisch wirkenden Meister des Verzichts spätestens in sieben Wochen wieder ins irdische Jammertal zurückkehren werden – und daß wir dann alle wieder gleich sind.

Die barmherzige Notlüge oder das wunderbare Ding, das wir Leben nennen

Was muß das für ein Tag im Sommer des Jahres 1887 gewesen sein, an dem Theodor Storm, schon lange vom »Magenkatarrh« geplagt, für Monate aufs Krankenlager gezwungen, seinen Hausarzt Dr. Brinken bat, ihm doch endlich die Wahrheit zu sagen, eine eindeutige Diagnose zu stellen, nichts zu beschönigen!

Denn längst hatte Storm gespürt, wie seine Kräfte nachließen, wie er sich jeden Text mühsam abringen mußte, wie auch Unzufriedenheit aufkam mit all dem, was er schrieb. Er tröstete sich immer wieder mit der bis dahin selbstgestellten Diagnose, »daß es wohl von der Mutter ererbter Krampfzustand zwischen Herz und Magen für sein recht ›mageres und verledertes Aussehen‹ verantwortlich ist«.

Und dann fiel das Urteil: Magenkrebs!

*

Nach allen Überlieferungen wissen wir, daß Storm versuchte, tapfer mit seinem Schicksal fertig zu werden. Wie aber ging das bei einem Mann, der wie kaum ein anderer Dichter unter der dahineilenden Zeit, der Vergänglichkeit des Lebens litt?

Hatte er nicht an sein jüngstes Kind geschrieben: »Ich wanderte schon lange, da kamst Du daher. Nun gingen wir zusammen, ich sah Dich nie vorher. Noch eine kurze Strecke, das Herz wird mir so schwer. Du hast noch weit zu gehen, ich kann nicht weiter mehr.«

Und dichtete er nicht beim Anblick blühender Heidekräuter, der andere Menschen so fröhlich stimmt, etwas ganz anderes? »Über die Heide hallet mein Schritt, dumpf aus der Erde wandert es mit. Herbst ist gekommen, Frühling ist weit, gab es denn einmal selige Zeit? Wär' ich nur hier nicht gegangen im Mai – Leben und Liebe, wie flog es vorbei.«

Theodor Storm, der Husum längst verlassen hatte, im nahen Hademarschen in seinem Alterssitz wohnte, zusammen mit seiner zweiten Frau Dorothea und seinen jüngsten Kindern, hätte sein größtes Werk, »Der Schimmelreiter«, nicht schreiben können, wäre ihm nicht ein Wunder widerfahren: die barmherzige Notlüge eines Arztes aus Kiel, Professor Gaevecke, der ihn mit Einwilligung seines Hausarztes und seines Bruders, Dr. Aemil Storm, ebenfalls Arzt, nochmals untersuchte – eine Scheinuntersuchung mit der neuen »Diagnose« – kein Krebs!

Storm selbst berichtet darüber in einem Brief an seinen Sohn Karl, ein Jahr vor seinem Tode: »Die Ärzte halten die Ausdehnung eines großen Zweiges der Aorta nicht für eine Geschwulst. Sie hatten zwar kein Hörrohr, dennoch meinten sie angeben zu können, daß diese Ausdehnung schon zur Ruhe gegangen sei, wo sie nichts mehr bedeutete.«

Die erhoffte Wirkung trat ein! Storm, der das Leben so liebte (»wie köstlich ist es zu leben, bloß zu leben«), der aber nun, von der Krankheit geschwächt, das Zutrauen zum Leben fast verloren hatte, »das mir bisher eigentlich nicht enden zu können schien«, konnte den »Schimmelreiter« vollenden, ehe er am 4. Juli 1888 für immer die Augen schloß.

*

Was für ein Novellenstoff, dieses eigene Schicksal, dieses Aufbäumen gegen Ende eines großen Lebens: der Poet, der Lyriker, der Dichter (Thomas Mann in seinem Storm-Essay: »Er ist ein Meister, er bleibt!«), dieser feinfühlige Mensch, der eine schwere Lebensspur zog, der Realist, der er zugleich auch war – und dem nun durch eine Scheinuntersuchung all die Kräfte zugeführt wurden, die er brauchte für sein größtes Werk.

Und wieder einmal zeigt sich, auf welch' geheimnisvolle Weise Geist und Körper zusammenklingen. Wie fein das wundersame Ding gesponnen ist, das wir Menschen Leben nennen. Und – wie kostbar es ist!

Nach dem Tod des Vaters:
Plötzlich ist es für Fragen zu spät

Nein, damit habe er nicht rechnen können, sagte er mir Monate nach dem Tod seines Vaters. Die Nachricht sei für ihn ganz überraschend gekommen, der alte Herr sei noch recht rüstig gewesen, von ein paar Herzrhythmusstörungen abgesehen. »Die hatte er schon lange«, aber dann hörte das Herz eben doch plötzlich auf zu schlagen.

Die Trauer sei bei ihm in Wellen gekommen, sagte er weiter, und es gäbe auch jetzt noch keine Linderung über den Verlust, er habe noch nichts von dem Trost erfahren, der sich in dem Satz verbirgt, dem zufolge angeblich »die Zeit alle Wunden heilt«.

*

Was ihm heute zu schaffen mache, sei die Tatsache, daß er seinem Vater noch so viele Fragen stellen wollte: nach seinen Erfahrungen mit dem Leben, den Höhen und Tiefen, die er genießen konnte und erdulden mußte, nach seinen Gefühlen, als er, nach dem Tod seiner Frau, in eine kleinere Wohnung an den Stadtrand ziehen mußte – ob er sich da einsam fühlte oder nicht, ob er glücklich war, was immer man darunter verstehen mochte. Alter ist ja eine Erfahrung, die man nur um den Preis des Altwerdens machen kann.

Er erinnerte sich daran, daß die Gespräche mit seinem Vater – in der Rückschau betrachtet – doch zu sehr an der Oberfläche geblieben waren: wie er mit dem Haushalt zurechtkommt, welches Buch man lesen sollte, was er von der Politik hält, Ratschläge für die kleinen Reisen, die der alte Herr unternehmen konnte, ein paar Steuertips – Alltägliches eben.

Manchmal erzählte der Vater Geschichten aus seinem Leben, aus Schule, Militärzeit, Gefangenschaft, dem beruflichen Aufstieg – aber in den letzten Jahren schickte er immer häufiger den Satz voraus: »Bitte unterbrich mich, wenn ich dir die Geschichte schon erzählt habe.« Da habe er sich geschämt – und seinen Vater erzählen lassen, obwohl er schon kannte, was er hörte, nur um ihn nicht zu verletzen. Denn seit seiner Pensionierung war nicht mehr viel Neues dazugekommen, wie denn auch?

*

In ihrem berühmten Buch »Das Alter« berichtet Simone de Beauvoir von einem 70jährigen Mann, dem kaum etwas fehlte, außer einigen harmlosen, zumeist eingebildeten Beschwerden. Er war nur immer öfter traurig: »Neulich hörte ich den alten Mann in seinem Zimmer pfeifen, und plötzlich hielt er inne. Er hat sich wohl gefragt: Wozu?«

An diese Beobachtung habe er öfter denken müssen, sagte er nun, weil ihm bewußt geworden sei, daß sein Vater in letzter Zeit immer weniger gelacht hatte.

Und so komme für den Sohn zu dem Verlust des Vaters der Verlust der Möglichkeiten, sich von ihm ein Stück jener Welt erklären zu lassen, die noch vor ihm selbst im dunkeln liegt.

»Wir haben uns einfach nur unterhalten, wenn wir uns sahen, dabei hätten wir miteinander sprechen, richtig sprechen sollen«, sagte er. »Man denkt eben immer, dazu sei ja noch Zeit«, fügte er hinzu und wußte doch zugleich, daß dies genau der Irrtum ist, in dem wir alle miteinander gefangen sind. Und daß wir vielleicht auch gar nicht die Kraft zu solchen Gesprächen haben.

Wenn man aus der Bahn geworfen wird, erkennt man: Glück – das ist Alltag!

Seltsam, da liest man immer wieder die klugen Worte von Goethe, Novalis, Schopenhauer, Fontane und anderen über das, was dieses wundersame Ding, das sich Glück nennt, denn nun wirklich ist. Und dann ...

*

Wir hatten uns lange nicht gesehen, aber das war nicht ungewöhnlich, und so fragte ich ihn eher beiläufig, wie es denn in seinem Urlaub gewesen sei.

Und erschrak. »Urlaub? Wenn es das bloß gewesen wäre!« sagte er etwas bitter, und nun hörte ich, daß ihm ein doppelter Bypass gelegt werden mußte, Operation, Kur, Nachkur – drei Monate war er einfach verschwunden.

Drei Monate von sechzig Lebensjahren – eine verlorene Zeit? Kaum hatte ich die Frage gestellt, stutzte ich, als ob jemand je eine Herzoperation gleichsam in der eigenen Hand hätte.

Er antwortete, wie ich es erwartet hatte: daß er nach den Schmerzen, nach der Abhängigkeit von helfenden Fremden, nach Bewegungsunfähigkeit nun alles, aber auch alles bewußt genießt. Wichtiges vom Unwichtigen unterscheiden kann.

Ja, sagte ich, »Glück ist die Abwesenheit von

Schmerz«. Dieses Philosophenwort schien mir von allen Glücksdefinitionen immer die beste zu sein ...

Und wir waren uns einig, wie wahr dieses Wort ist.

Doch dann hielt er plötzlich inne, schaute mich unverwandt an, sagte, daß er inzwischen zu einer anderen Antwort auf diese Frage gekommen sei, die die Menschen ja so unermüdlich beschäftigt.

»Glück?« – sagte er langsam und gab dann die Antwort, seine Antwort: »Glück ist Alltag.«

Dann schwieg er. Ihm schien es für einen schwebenden Augenblick wie mir zu gehen: War diese Erklärung nicht doch ein bißchen zu simpel?

Aber dann fing er an zu reden. »Plötzlich erkennst du, was für ein Wunder es ist zu schlafen, ohne schwere Träume aufzuwachen mit heilen Knochen, die Sonne zu sehen, sie auf der Haut zu fühlen, Auto zu fahren, sogar die verhaßten Konferenzen sind auf einmal ein königliches Vergnügen, selbst der Ärger mit dem Chef, den Mitarbeitern, bekommt ein ganz anderes Gesicht, gehört einfach dazu, ist Leben.«

Und, beflügelt von seinen eigenen Worten, wiederholte er fast predigend: »Glaub mir, ich weiß es jetzt: Glück ist Alltag. Ich meine wirklich den ganz schlichten Alltag. Daß ich hier mit dir sprechen kann. Daß ich heute abend ins Kino gehe. Wir denken immer, im Urlaub zu sein sei Glück, der erste Ferientag oder ein Lottogewinn. Aber in Wahrheit ist schon der ganz normale Alltag Glück. Man muß es nur am eigenen Leibe erfahren haben.«

*

Sicher, es gibt viele Essays, Aphorismen, kluge Bücher über das, wonach wir alle jagen. Aber dann kommt einer daher, der es so einfach ausdrückt, daß man erst verwundert ist, dann beschämt – und zuletzt ganz nachdenklich wird.

Ja, Glück ist Alltag, das gilt sogar am Sonntag – vorausgesetzt, es ist auch dies ein Sonntag wie jeder andere. Und wenn man plötzlich sein Leben immer so betrachtet, wenn man ohne Bypass zu dieser Erkenntnis kommt, ja, dann kann man wirklich sagen, man hat Glück gehabt.

Ein Autounfall
als menschliches Lehrstück

Sie weiß nicht, wie es geschah, sie weiß es wirklich nicht, sie wußte es nicht in dem Augenblick des Schreckens, und sie weiß es auch jetzt nicht, Stunden später. Sie weiß nur, daß ihr Wagen plötzlich an der Leitplanke entlangschoß, daß das Steuer nicht gehorchte, daß sie in dem Stahlkäfig hilflos einmal aufschrie, etwa vierzig Meter dauerte die Geisterfahrt, der regennasse Asphalt hatte die Autobahn in eine Rutschbahn verwandelt, dann drehte sich das Auto einmal um die Achse, dann schoß es auf die Gegenseite, überrollte die Böschung und überschlug sich.

Und plötzlich war eine unheimliche lähmende Ruhe um sie herum. Sie hing kopfüber im Gurt, wie lange, weiß sie nicht, dann bewegte sie als erstes ihre Zehen, da wußte sie: Ich lebe! Sie griff geistesgegenwärtig zum Zündschlüssel, um den Motor abzustellen, bewegte ihren Kopf, schüttelte ihn ein paarmal, nun registrierte sie: Ich kann mich bewegen, kaum zu glauben nach all dem Schrecken! Ich bin also nicht querschnittsgelähmt, davor hatte sie plötzlich am meisten Angst, sagt sie, nicht vor dem Tod, das nicht so sehr, nein, vor einer Lähmung, vor dem Rollstuhl.

Vielleicht war sie einmal kurz auf die Bremse getreten, nur für den Bruchteil einer Sekunde, vielleicht hatte sich das Auto deshalb in ein Geschoß verwandelt, vielleicht ist es so gewesen, vielleicht auch nicht.

Aber den »Film ihres Lebens«, den hat sie gesehen, die Bilder aus der Kindheit, das Sterben der Mutter, Erinnerungsfetzen. Was sie von anderen schon so oft gehört hatte, daß in solchen Augenblicken das ganze Leben noch einmal im Zeitraffer vor dem inneren Auge abläuft, das hatte sie nun auch selbst erlebt.

Und dann erzählt sie, was sie am meisten bewundert hat, wenn man einmal von dem gnädigen Schicksal absieht, das ihr widerfahren war, das jeden treffen kann, der über unsere Straßen rast, »man macht sich ja gar nicht klar, wie brüchig unser Leben ist«. Und das war: daß plötzlich Menschen zu ihr kamen! Sie sah, immer noch kopfüber im Autowrack, einige Meter weiter drei Autos stehen, wildfremde Menschen hatten also angehalten, waren ausgestiegen, zu ihr gerannt, »sie wußten doch gar nicht, daß sie mich lebend antreffen, sie hätten ja auch eine Tote vorfinden können, oder eine Schwerverletzte in ihrem Blut«.

Was dann kam, das war Routine? »Nein, auch das habe ich nicht so empfunden. Nicht bei dem Arzt, der seine Praxis verlassen hatte, der telefonisch gerufen wurde, nicht bei den Sanitätern, nicht bei den Krankenschwestern in der Klinik, nein, da war wirklich nichts von Routine.«

Und dann spricht sie von dem »zweiten Geburtstag«, den sie nach dem Totalschaden gefeiert habe, wie es alle sagen, die ähnliches erleben. Und das sind täglich Tausende! Wenn dieses neue Lebensgefühl auch langsam im Alltag verblassen wird, das andere Gefühl, nicht allein zu sein, wenn man plötzlich auf fremde Hilfe angewiesen ist, das wird sie bewahren wollen: »Ich sehe jetzt die Menschen alle anders, besser und dankbarer.«

»Ein Autounfall als menschliches Lehrstück?«

»Ja, genau das, so können Sie das nennen.«

II.
ALLES MENSCHLICHE LEBEN IST BEGEGNUNG

Gestern noch bei Giovanni und Chianti: Der leise Abschiedsschmerz vom Ferientraum

Ich kann dich so gut verstehen, lieber Freund. Welch ein Kontrast! Gestern warst du noch in der azurblauen italienischen Badebucht, im Schatten der Pinien, die Sonne steil am Himmel; das Meer, vom Wind aufgewühlt, schickte Wellen ans Ufer, es war für dich wie Musik, Mozart kann nicht schöner klingen. Um dich herum Kinderlachen, und in der kleinen Trattoria am Strand stellte der Wirt Wassergläser für den Chianti-Wein auf den Tisch.

Mein Gott, da wurde dir einmal gezeigt, was diese geschundene Erde doch noch für Verzauberungen bereithält. Die Tür zum Paradies war plötzlich geöffnet, wenn auch nur einen Spalt, nur für ein paar Stunden. Es war nicht das Nobelhotel mit allem Pauschal-Komfort, es waren diese Augenblicke am Meer, an die du heute denkst – Ferienglück kann ganz einfach sein!

Und dann, nur 24 Stunden später, der Sturz ins Bodenlose: deutscher Alltag, graues Einerlei, schon auf dem Flughafen das nervenzerfetzende Gedränge und Geschiebe. Die Uhren deines Lebens laufen nun wieder schneller.

Dann der Weg ins Büro, in die Fabrik, die ersten Telefonate mit Daheimgebliebenen, die immer nur übers Wetter klagen. Und abends die »Tagesschau«, und es ist wie immer: da knallt man dir die Sorgen der ganzen Welt in fünfzehn Minuten vor die blankgeputzten Augen, die gestern doch noch ganz anderes sahen.

Und nun bist du, Ferien-Heimkehrer, im Niemandsland, gleichsam zweigeteilt: Die Seele baumelt noch im Rhythmus der unbeschwerten südlichen Heiterkeit, der Körper aber ist schon ganz hier. Ein paar Tage wird er anhalten, dieser kleine Schmerz, der sich mit der Frage verbindet, ob du in deinem eigenen Leben nicht doch etwas falsch gemacht hast:

Ist Giovanni, der den Wein brachte, der so herzhaft lachte, der eine unglaubliche Ruhe ausstrahlte, die du an dir selbst nie erlebt hast, der nur ein winziges Lokal besitzt, ein paar Bretter, Bänke, Papierservietten, ein paar Flaschen Wein und Lampions in den Bäumen für die Nacht –, ist dieser Mann nicht viel glücklicher – und klüger! – als du: Abteilungsleiter, umgeben von Akten, Intrigen und Problemen im Zweifenster-Büro, Zimmer 317, Blick auf Häuserschächte, hastende Menschen, graue Wolken am müden deutschen Himmel?

Da will es der Zufall, daß dich ein Freund besucht, er kommt aus Israel, er ist hier auf Urlaub und erzählt dir höchst wundersame Dinge: wie herrlich er Deutschland findet, daß er den Regen beim Spazierengehen mit den Händen greift – »in Tel Aviv sind jetzt 40 Grad, nicht auszuhalten!« – Ja, hier sei das Leben leicht, die existentiell bedrohenden Nachrichten stünden hier nicht wie bei ihm zu Hause im

Lokalteil der Zeitung, sondern auf der Seite fürs Ausland.

Und während du erstaunt zuhörst, zitiert er Altmeister Goethe: »Einen Regenbogen, der eine Viertelstunde steht, sieht man nicht mehr.« Und er fügt hinzu: »Ich glaube, ihr Deutschen seht den Regenbogen nicht, ihr wißt gar nicht, wie gut es euch geht.«

*

Und nun denkst zu plötzlich, daß der Wirt in der Trattoria wohl auch seine Sorgen hat, daß die Wassergläser für den Wein nicht nur Folklore sind, hierzulande hättest du sie, verwöhnt wie wir sind, als Zumutung empfunden.

Wir sehen eben alles anders, wenn wir woanders sind. Und wenn wir das wissen, ist der leise Abschiedsschmerz vom Ferientraum leicht zu ertragen – und die Rückkehr in die Wirklichkeit auch.

Geh' nicht vorbei,
wenn ein Freund aus vergangenen Tagen
des Weges kommt!

Das war doch – Moment mal, das war doch?! – Er war soeben an mir vorbeigegangen, mitten im Feierabendgedränge der Großstadt, etwas gebückt, ein Schemen, ich hatte ihn nicht bewußt wahrgenommen, vielmehr signalisierte mir Sekunden später mein Unterbewußtsein, daß ich diesen alten Herrn kennen müßte, der da eben so unscheinbar meinen Weg kreuzte. Ich blickte mich nach einigem Zögern um – und entdeckte: Er war es wirklich, der Freund aus längst verschwundenen Tagen.

Er sah so verdammt alt aus, das erkannte ich, ohne sein Gesicht gesehen zu haben. Er schien mir auch kleiner zu sein, als ich ihn in Erinnerung hatte, nicht vom Leben gebeugt, eher wohl vom Alter. Kein Wunder, diese Veränderung, fünf Jahre ist es mindestens her, seit wir uns zuletzt gesprochen hatten.

*

Ich ging weiter. Aber meine Gedanken schwankten – zurückgehen, »alter Freund, wie geht's!« rufen? – Oder weitergehen? Ach, laß ihn laufen! Warum noch einmal in die längst verlorene Vergangenheit hinunter steigen? Was kann er schon erzählen, was für mich heute noch wichtig ist? Sie sind doch vorbei, die Jahre unserer Gemeinsamkeit.

Doch dann lief ich zurück, keine bewußte Entscheidung, denn es gab dafür keinen »Grund«, eher einem Gefühl folgend, das etwas zu tun hat mit dankbarer Erinnerung, als wir zusammen auf der Rennbahn des Berufes waren.

Ich tippte ihm von hinten auf die Schulter, ein Leuchten kam in seine müden Augen. Nun übermannte ihn sogar spontane Freude. »Wie schön, dich zu sehen, nach so langer Zeit«, hörte ich ihn sagen, »oft habe ich mich gefragt, wie es dir ergangen sein mag«, sagte er weiter.

Und dann kamen immer schneller die Bilder aus jener Zeit zurück, als er – zwei Jahrzehnte älter als ich – mein Mentor war: die Karriere an seiner Seite, die Dienstreisen, die Konferenzen, auch die kleinen Intrigen, die im Büro das Dasein so spannend machten, die vielen Erfolge! Plötzlich stand ein Stück Welt vor uns, das schön war und aufregend und wunderbar.

Von den Passanten nahmen wir keine Notiz, wir waren versunken in die schönen Zeiten – waren sie wirklich so schön, wie sie uns heute erschienen? – Und ich sah, wie seine Freude über unser Wiedersehen noch größer wurde, als ich ihm gestand, wie sehr er mir damals geholfen, wie viel er mir in jener Zeit bedeutet hatte.

Dann trennten wir uns. Nach einigen Augenblicken schaute ich ihm doch noch einmal nach. Er ging nun schneller als zuvor und seine Haltung war aufrecht, nicht mehr so gebückt. Als ob es plötzlich in seinem stillen Leben einen Ruck gegeben hätte, als ob eine Kruste aufgebrochen sei.

*

Wie gut, daß ich umgekehrt bin, dachte ich und fühlte mich von der Begegnung beschenkt, die ich zuerst vermeiden wollte, weil das Zusammentreffen mit den Alten aus den alten Zeiten einem heute doch angeblich so gar nichts bringt ...

Der »Gesprächs-Hai«,
der Schrecken jeder Abendeinladung

Lieber Freund, nun, da der Abend vorüber ist, den wir gemeinsam mit Freunden verbringen durften, möchte ich Ihnen doch ein offenes Wort hinterherschikken. Mag auch das Zusammensein Sie erfreut haben, den anderen wurde die Freude verdorben. Und ich sage Ihnen auch durch wen: durch Sie! Haben Sie das nicht bemerkt?

Wir hatten uns kaum zu Tisch gesetzt, da waren Sie schon zur Stelle, um den Gesprächsfaden, den Sie an sich gerissen hatten, nicht wieder loszulassen.

Die ersten Minuten Ihrer Schilderung vom letzten Abenteuer-Urlaub mochten ja noch ganz lustig gewesen sein. Aber dann begann die Tortur: Eine Story folgte der nächsten, und da Sie die schönste Geschichte gleich am Anfang zum besten gegeben hatten, war der Reiz schnell verflogen.

Hatten Sie kein Mitleid mit den Damen? Merkten Sie nicht, wie sie Ihrem Monolog entkommen wollten, indem sie versuchten, auf eigene Faust mit ihren Tischherren ins Gespräch zu kommen?

Einmal müssen Sie sogar die Selbstverliebtheit in ihre eigenen Worte gespürt haben, als Sie den Satz sprachen, der für Sekunden von allen wie eine Befreiung empfunden wurde: »Ich komme auch gleich zum Schluß.«

Leider eine leere Versprechung! Sie waren gar nicht fertig, Sie redeten weiter und weiter – nur die Gäste am Tisch, die waren nun wirklich und im wahrsten Sinne des Wortes »fertig«.

Als ich mich am nächsten Tag bei der Dame des Hauses bedankte, sagte sie, und ihre Stimme klang enttäuscht, »daß sie sich den Abend doch ein bißchen anders vorgestellt hätte«.

Ich frage Sie: Was kann ein Gastgeber tun, um den Gästen nicht nur die kulinarischen Genüsse zu etwa gleichen Teilen zukommen zu lassen, sondern auch die ihnen gebührenden Gesprächsanteile?

Soll der Hausherr etwa am Beginn des Abends Chips ausgeben, wie wir sie aus Spielcasinos kennen – gelbe Chips erlauben vier Minuten, grüne Chips sieben Minuten und rote Chips höchstens zehn Minuten ungestörte Redefreiheit? Nach dem Motto: Wer reden will, muß erst »zahlen«?

Wenn ich nicht schon öfter erlebt hätte, daß Gäste gingen, ohne auch nur zehn zusammenhängende Sätze gesagt zu haben, weil einer da war, der mit seiner »Rederitis« alles und alle im Wortschwall erstickte, ich würde Ihnen nicht schreiben, schon gar nicht öffentlich.

Irgendwo muß diese immer mehr um sich greifende und übrigens auch sehr unhöfliche »Rederitis« ihren Grund haben. Hat es vielleicht etwas mit den Talkshows zu tun, die uns zu Nachahmungstätern der Fernseh-Matadore machen?

Was wir uns bei Abendeinladungen wünschen,

sind ganz einfach gute Gespräche. Aber diese brauchen Gegenverkehr, Zuhören gehört dazu. Ein Dialog muß entstehen. Der endlose Monolog aber ist der Feind des Dialogs, auf den doch alle Anspruch haben.

Beißt aber ein »Gesprächs-Hai« zu, bleiben alle anderen wie Fische auf dem Trockenen zurück. Und die größte Unverschämtheit ist es, wenn ein Dauer-Redner sich am Ende eines langen quälenden Abends auch noch mit den Worten verabschiedet: »Es war schön, mit Ihnen gesprochen zu haben« – und man selbst hat gar nichts sagen können.

Denken Sie mal darüber nach, geben Sie auch den anderen eine Chance!

Wenn man plötzlich seinen guten alten Arzt verliert ...

Nein, das kann doch nicht wahr sein! Das war doch so außerhalb jeder Möglichkeit, daß ich mich für einen Augenblick wie gelähmt fühlte ... Denn was mir mein Arzt eben, während er die Manschette zum Blutdruckmessen an meinem Arm anbrachte, so beiläufig sagte, das traf mich wie ein Hammerschlag: »Es ist gut, daß Sie jetzt noch gekommen sind, ich schließe nämlich in einem Monat meine Praxis.«

Da stand ich, mit blankem Oberkörper, in seinem Sprechstundenzimmer, in das ich seit Jahrzehnten immer mal wieder reinschaute, um den Check-up zu absolvieren, und ein Gefühl der Verlassenheit überfiel mich.

»Das können Sie mir doch nicht antun«, hörte ich mich nun sagen, eine ganz spontane Äußerung, für die ich mich schon in der Sekunde schämte, da ich sie aussprach: der totale Egoismus des Patienten – da war er in seiner ganzen häßlichen Pracht!

Ich war gar nicht auf den Gedanken gekommen, ihn zu fragen, was ihn zu diesem für mich »grausamen Entschluß« getrieben hatte, die Gründe nannte er mir vielmehr unaufgefordert: Seine Frau habe ihn daran erinnert, daß er ja jetzt fünfundsechzig würde, daß das Leben nicht nur aus Patienten bestehe, daß es so viel Schönes nachzuholen gebe – Reisen, Bücher,

Musik. Und wenn auch die Medizin seine Passion sei, so hätte seine Frau doch wohl auch recht, nicht wahr?

Er zögerte einen Augenblick, ehe er leise hinzufügte: »Glauben Sie mir, es kostet sehr viel Kraft, sich ständig um kranke Menschen zu kümmern.« Und dann, etwas zornig: »Und der Papierkrieg mit den Kassen, der gab mir den Rest.«

Ich schaute ihn an, erinnerte mich an die erste Untersuchung vor drei Jahrzehnten, als er etwas an meiner Leber entdeckt hatte, was anderen Kollegen zuvor nie aufgefallen war, und was von Stund' an mein absolutes Vertrauen zu ihm begründete.

Wenn ich unterwegs war, konnte ich ihn aus allen Teilen der Welt anrufen, er stellte Ferndiagnosen, die immer stimmten, er kannte schließlich nicht nur meinen Körper, sondern auch meine Seele.

Angesichts meiner Bedrücktheit begann er nun, seine Rolle in meinem Leben herunterzuspielen: Es gäbe ja noch so viele andere Ärzte, er könne mir auch einen »tüchtigen Kollegen« empfehlen, ein paar hundert Meter weiter nur – wie konnte ihm dieser Fehler passieren, da er doch nebenbei ein so guter Psychologe war?

Denn was ist ein Arzt, wenn er gut ist, für den Patienten? Er ist eigentlich nicht zu ersetzen. Er ist Schutzengel und Beichtvater. Er gibt der Seele Halt. Er ist der Wächter der Gesundheit. Etwas Magisches ist im Spiel, wenn sich eine Beziehung langsam aufgebaut hat, die beim Ausstellen von Rezepten nicht endet. Es gibt Menschen, von denen man sich einfach nicht vorstellen kann, daß sie jemals aufhören – er gehörte dazu. Und, daß man als Patient gekündigt werden kann, daran hatte ich nie gedacht.

*

Können Sie nun verstehen, Herr Doktor, wie verloren ich mich fühlen werde, wenn ich in ein paar Wochen an Ihrem Haus vorbeigehe – und Ihr Namensschild nicht mehr an der Tür sein wird?

Mutter Teresa und das Geheimnis,
Liebe annehmen zu können

Liebe Freundin, Sie haben mich gestern am Telefon gefragt, was wohl in Ihrer Ehe so falsch gelaufen sein mag, daß nun die Scheidung vor der Tür steht. Vielleicht begehe ich einen Vertrauensbruch, wenn ich Ihnen verrate, was Ihr Mann vor einiger Zeit einmal zu mir sagte, aber ich denke, Sie müssen es wissen. Er meinte nämlich, daß Sie eine ungewöhnlich »starke« Frau sind, um jenes Wort zu benutzen, das heute durch alle Frauenzeitschriften geistert, wenn von der »neuen Frauengeneration« gesprochen wird.

Es sei für ihn sehr schwer, so erzählte mir Ihr Mann, mit einem Menschen zusammenzuleben, der die Zeichen seiner Liebe so schwer annehmen könne. Der ihm, vielleicht ungewollt, sogar das Gefühl vermittelt, daß er eigentlich auch ohne ihn ganz gut zurechtkommen könne.

Lassen Sie mich darum – gleichsam auf indirektem Wege – auf Ihre Frage mit einer Geschichte von Mutter Teresa antworten. Nach der Verleihung des Nobelpreises habe sie viele Spenden erhalten, darunter auch von einem Bettler, der zu ihr kam mit den Worten: »Jeder gibt Ihnen etwas. Ich möchte Ihnen auch etwas geben, aber heute habe ich den ganzen Tag nur zehn Pais (das sind etwa drei Pfennige) bekommen – und die möchte ich Ihnen geben.«

Und was tat Mutter Teresa in dieser überraschenden Situation? Tröstete sie den Ärmsten der Armen? Gab der »Engel von Kalkutta« ihm gar selbst einen Obolus?

Nichts von alledem! Mutter Teresa nahm dankbar die zehn Pais entgegen, obwohl sie sehr wohl wußte, wie trostlos der Tag des Mannes zu Ende gehen würde – nämlich mit Hunger und im Elend der Straße.

»Aber ich wußte auch, daß es ihn noch mehr verletzt hätte, wenn ich sein Geld nicht angenommen hätte. Die Freude – und den Ausdruck des Friedens auf seinem Gesicht – kann ich nicht mit Worten beschreiben.«

Ja, sie sagte sogar, daß sie die Bettlerspende höher bewertete als den Nobelpreis, »weil der Mann alles gab, was er besaß, und er gab es mit so viel Liebe«.

Diese kleine Geschichte, liebe Freundin, verrät Ihnen etwas von dem Geheimnis, das sich mit der Liebe auch verbindet: Man muß Liebe nicht nur geben, man muß sie auch annehmen können! So schön es sein mag, auf eigenen Füßen zu stehen, »stark« zu sein und den Pegel des Selbstbewußtseins immer höher zu schrauben – irgendwann droht die Gefahr, die Balance zu verlieren.

Sagen wir nicht viel zu oft, wenn uns jemand eine Freude, eine Überraschung bereiten will: »Das ist aber nun wirklich nicht nötig?« Und zerstören wir damit nicht den Zauber, der sich gerade entfalten will?

In der Liebe, ganz anders als im Geschäftsleben – und das macht ja den schönen Unterschied! –, geht es nämlich gar nicht darum, ob wir selbst etwas »nötig« haben. Es genügt völlig, wenn das Zeichen der Zuneigung für den anderen wichtig ist. Auch wenn die Liebe bekanntlich eine »Himmelsmacht« ist, müssen wir doch, wie dieses Beispiel zeigt, auf Erden mit ihr sehr behutsam umgehen, nicht wahr?

Ein Stück unserer Lebenszeit
verglüht im Fegefeuer Flughafen

Ich habe es eilig, ich muß den Termin schaffen. An jeder Ampel, die rot aufleuchtet, steigt mein Blutdruck um einige Punkte. Ich bitte den Taxifahrer, schneller zu fahren, damit ich mein Flugzeug noch erreiche. Schließlich schaffe ich es auf die letzte Minute, reihe mich ein in die Schlange der Wartenden, die Finger der Mädchen am Counter hasten über den Computer, der nicht so will, wie er soll, aber dann ist die Bordkarte ausgedruckt. Nun noch der Sicherheitscheck, auch hier Geduld, dann der Blick auf die Anzeigetafel – und alle Träume sind ausgeträumt: Verspätung! Mindestens zwei Stunden!

Die Abflughalle ist schwarz von Menschen. Kein freier Stuhl. Eine Luft zum Schneiden. Und schon beginnt das Theaterstück, das heute auf den Flughäfen en suite gespielt wird, das Warten auf den Kranich, der uns in den Himmel schießen soll, wo – einer Ballade zufolge – die Freiheit grenzenlos ist.

Aber der Mensch, der sich in einen Fluggast verwandelt, muß heute erkennen, daß er – der doch zur Freiheit geboren ist – plötzlich in einer Falle steckt, aus der es allzuoft kein Entrinnen gibt.

Immer neue Abflugzeiten erscheinen auf der Anzeigetafel. Ein Manager flucht, daß er den Anschluß nach New York verpaßt, sagt, daß seine Geschäfte platzen, droht mit Klage. Am Counter ein Pulk von Nervösen, die noch auf Warteliste stehen. Nach der Grausamkeit der Ungewißheit werden schließlich die ersten Namen aufgerufen: Jetzt geht es zu wie bei einer Weihnachtsbescherung.

Je länger dann das Warten dauert, um so ruhiger wird die Stimmung in der Halle. Irgendwann sind sie nun alle mürbe. Sie haben sich in ihr Schicksal ergeben, lesen Zeitungen, blättern in Illustrierten, die sie sonst ja angeblich immer nur beim Friseur lesen.

Nun wird eine weitere Verspätung von einer Stunde bekanntgegeben. Jetzt sind auch die letzten wie gelähmt, hängen in den Stühlen, bekommen einen leicht irren Blick, wenn sie auf die Uhr schauen, telefonieren, um das Ärgernis anderen am Zielort mitzuteilen.

Ein Mann neben mir sagt, mit dem Auto wäre er schon zu Hause; ein anderer erwidert, die Autobahn sei doch auch nicht mehr, was sie mal war. Ein Wortgeplänkel, ohnehin nur ein letztes Aufflackern von Protest und Resignation zugleich.

Eine Zeitung meldet, daß demnächst ein Rabatt bis zu siebzig Prozent auf die Flugpreise in Europa möglich sein soll. »Dann geht doch gar nichts mehr, das ist doch jetzt schon die reine Hölle«, klagt eine verzweifelte Frau mit zwei kleinen Kindern, als sie das liest.

Endlich der Abflug! Wie Lemminge ziehen die Passagiere in den Bus, der wie ein rollender Käfig aussieht. Alle sind genervt, alle haben zu lange an ihrer Ohnmacht gelitten. Sie haben das Kostbarste hergeben müssen – ein Stück Lebenszeit. »Normalerweise« dürfte ihnen kein Mensch den Nerventanz antun, den sie gerade hinter sich haben.

*

Ja, wie haben wir Menschen eigentlich das Kunststück fertiggebracht, daß wir durch das Fegefeuer der Flughäfen müssen, ehe wir in den Himmel der Freiheit dürfen? Von den fünf Milliarden Dollar weltweit, die in Wartezeiten jährlich vergeudet werden, gar nicht zu reden ...

Vor der Operation:
Warum sagte er seiner Frau nicht,
daß er für sie betet?

Nun nahm er den Koffer, den seine Frau gepackt hatte. Nachthemden. Kosmetika. Einige Zeitschriften. Die Fotos der Kinder hatte sie auch eingepackt. Ein kleines Radio. Mehr nicht. Mehr war nicht nötig. Es war ein leichter Koffer, viel leichter als bei den Ferienreisen. Aber es ging ja auch nicht in die Ferien. Es ging ins Krankenhaus.

»Ich hab' dir das Abendbrot in die Küche gestellt«, sagte seine Frau. Sie hatte wirklich an alles gedacht. »Vielleicht kannst du mir in drei Tagen den kleinen Fernseher bringen«, sagte sie noch, und damit meinte sie: Dann ist die Operation hoffentlich überstanden, dann bin ich auf dem Weg der Besserung, dann interessiert mich wieder, was draußen in der Welt los ist.

Aber nun war alles inwendig. Sie sprachen Belangloses, als sie der Klinik entgegenfuhren. Daß er sich um die Kinder kümmern soll, was ja selbstverständlich ist. Daß eine Rechnung noch zu bezahlen ist, was man schon leichter vergißt.

Seltsam, diese totalen Nichtigkeiten im Angesicht dessen, was ihr nun bevorstand: ein schwerer Eingriff, angesetzt für morgen früh 8 Uhr, eingeplant im Zeitplan des Chirurgen, den er nur einmal gesprochen hatte, ein Fremder also, in dessen Hände nun das Leben seiner Frau gegeben wurde.

Warum sagte er ihr nicht, daß er für sie betet, daß er Angst hätte, furchtbare Angst? Daß ihn in der Nacht Alpträume geplagt hatten? Warum kam bei ihm das Wort Liebe nicht einmal vor, aber all die anderen Wörter: Rechnungen, Telefongespräche, Abendbrot, irgendwelche Termine?

Und seine Frau? Sie sagte ja auch nichts anderes! Dabei weiß sie doch, wie ernst es um sie steht. Ihre Haut ist blaß. Sie hat Schmerzen, aber sie bemüht sich, alles zu verbergen. Sie trägt sogar den kleinen Koffer, während er noch einen Parkplatz suchte.

Später, auf der Rückfahrt in die leere Wohnung, denkt er über diese beiderseitige Sprachlosigkeit nach. Als hätten sie stillschweigend einen Pakt geschlossen: Er zeigt kein Gefühl, keine Besorgnis – und sie zeigt auch nichts. Sie spielen ganz einfach alltägliches Leben, obwohl es doch gar kein Spiel ist. Denn eine Operation ist eine Operation, eine Narkose ist eine Narkose – und wenn alles überstanden ist, dann ist es doch allemal wie eine kleine Wiedergeburt.

Und während seine Gedanken noch zwischen Hoffen und Bangen pendeln, kommt endlich die hilfreiche Routine: Eine Krankenschwester zeigt ihnen das Zimmer, ein Aufnahmeformular ist auszufüllen, eine Erklärung muß unterschrieben werden, daß sie mit allem, was geschieht – oder sich bei der Operation als notwendig herausstellen sollte – einverstanden sind.

Später, als er die Wohnung betritt, die ihm nun

unendlich trostlos, unglaublich leblos erscheint, denkt er, ob er seine Frau nicht doch noch schnell anrufen müßte, um ihr all das Nichtgesagte zu sagen – aber dann läßt er es. Sie wird vielleicht schon eingeschlafen sein. Und in zwölf Stunden wird er ja auch hören, wie es ausgegangen ist. Jetzt weiß er nur: Das Wichtigste blieb verborgen, für Sekunden höchstens erkennbar in der Zärtlichkeit, mit der sie ihre Hand noch einmal in seine legte, als beide vor der Klinik hielten, ehe sie den kleinen Koffer ergriff ...

Und vielleicht ist es ja auch gut so, dachte er für sich selbst zum Trost, daß uns in solchen Augenblikken die Worte fehlen, die alles nur noch schwerer machen würden.

Der Blick in ein altes Adreßbuch:
Eine Reise in die Vergangenheit

Da liegt es vor mir, das neue Adreßbuch, in feinstem Leder eingebunden, wirklich luxuriös, auf dem Deckblatt sind sogar meine Initialen in Gold – das noble Geschenk eines Freundes –, und, was ich erst jetzt spüre: eine plötzliche Herausforderung!

Denn nun muß ich darüber befinden, ob ich mein altes, zerlesenes Adreßbuch ausrangiere, ob ich die vielen Namen übertragen soll – was zugleich den Abschied bedeutet von diesem liebgewordenen Stück: Wie viele hundert Hotelzimmer hat es gesehen, wie viele tausend Kilometer ist es mit mir geflogen, immer tat es zuverlässig seine Dienste, wenn ein Buch eine »treue Seele« sein kann, dieses Buch ist es, warum der Tausch?

Aber da es schon arg zerfleddert ist, fange ich an, in der Reihenfolge des Alphabets die Namen umzuschreiben. Und damit beginnt eine seltsame, ebenso wunderbare wie schmerzhafte Reise in die Vergangenheit.

Schon beim Buchstaben A geht es los, gleich beim ersten Namen: Ein Bekannter, den es nach New York verschlagen hatte, seit Jahren gab es von ihm kein Lebenszeichen mehr, die Adresse hatte ich mir mit dem Versprechen notiert, »wenn ich mal rüberkomme, rufe ich durch«. Aber als ich kürzlich in New York war, fand ich doch keine Zeit. Wunsch und Wirklichkeit sind weit auseinander, auch Bekanntschaften zerstört die alles verschlingende Zeit. – Ich werde seine Nummer nun nicht mehr übertragen.

Es folgen Namen, die ganz selbstverständlich in das neue Buch gehören. Der Masseur, der Zahnarzt, all die Connections, die man braucht, um durch den Alltag zu kommen, dazu die Notrufe, der Taxiruf, die Theaterkasse, all dies Praktische.

Und dann plötzlich stoße ich auf den ersten Namen eines Menschen, der verstorben ist. Ich halte inne, denke über unser letztes Gespräch nach – es war von einer unverbindlichen Heiterkeit, er war es, der wieder zurückrufen wollte, keine Schuldgefühle also, wenigstens das nicht. Und doch: Je weiter ich beim Übertragen vorankomme, desto öfter gibt es dieses grausame Gefühl des Sich-nie-mehr-melden-Können-nens.

Da ich mir immer alle Adressen notiere, die irgendwann einmal wichtig sein können, muß ich nun die Brüchigkeit vieler Beziehungen erkennen – Reisebekanntschaften ähnlich, nur für eine Wegstrecke des Lebens. Wunderbare Begegnungen waren darunter, von denen ich heute gar nicht begreife, daß sie sich nie wiederholen – ja, so ein altes Adreßbuch kann eine verdammt harte Lektüre sein.

Plötzlich, inmitten der vielen Namen, tauchte die Nummer eines lang verschollen geglaubten Freundes auf. Ich rief ihn spontan an. Er war total überrascht. Ob er mir irgendwie helfen könne? Nein, ich wollte nur mal hören, wie es ihm ergangen ist in all den Jahren des Schweigens?

Wir haben uns sofort zum großen Wiedersehen verabredet. Er war ganz glücklich. Ich weiß schon heute, was vielleicht das Schönste an diesem neuen Adreßbuch ist: daß wenigstens eine Verbindung aus fast vergessenen Tagen wieder mit Leben erfüllt wird.

*

Und ich denke plötzlich: Da ist ein Buch mit hundert Nummern, man muß nur wählen. Telefonieren ist ja so einfach – warum machen wir es uns eigentlich damit trotzdem oft so schwer?

War mein Brief die letzte Lektüre meines Freundes?

Langsam, Ziffer für Ziffer, und immer mit Pausen, wählte ich endlich ihre Nummer, ich hatte den zweiten Anruf ohnehin den ganzen Tag über hinausgezögert – was sollte ich ihr schließlich sagen? Wie konnte ich sie mit Worten trösten? Vor ein paar Stunden hatte ich sie bei meinem ersten Versuch nicht erreicht, wahrscheinlich war sie noch einmal zu ihm gefahren, um endgültig Abschied zu nehmen. Aber jetzt war sie am Apparat, und dann hörte ich, es war schon ihr dritter oder vierter Satz, daß ihn mein Brief noch erreicht habe.

Mit diesem Brief hatte ich mich bei meinem Freund dafür entschuldigt, daß ich eine Bitte, die er mir vor Wochen angetragen hatte, erst mit Verspätung erledigen könnte. Es ging wirklich nur um Belangloses, nur um eine schnelle Information, ich hatte den Brief zusammen mit vielen anderen diktiert, nur die Unterschrift mit der Hand geschrieben, sonst waren meine Briefe an ihn immer fern jeder Schreibmaschine.

*

Nun beeilte sich seine Frau, mir mitzuteilen, daß er meine Post – war sie nicht erst vorgestern abgeschickt?! – noch gelesen hat. »Er hat sich darüber so sehr gefreut, er dachte schon, du würdest nicht nur die Sache vergessen, sondern auch ihn selbst.«

Während sie weitersprach – über seine letzten Stunden in der Klinik, die Intensivstation, sogar schon über den Termin der Beerdigung – wie schnell sich alles ordnet, so traurig auch alles sein mag! –, dachte ich immer nur an meinen Brief, der vermutlich seine letzte Lektüre war.

Hatte ich, wie sonst üblich, die Anrede mit der Hand geschrieben? Hatte ich mich für mein Versäumnis entschuldigt? War der Brief im Ton freundlich oder eher geschäftsmäßig? Wie war der Gruß am Schluß? – Ich konnte ja nicht ahnen, daß meine paar Zeilen die letzten sein würden, die er von mir erhält!

Während seine Frau weitersprach, empfand ich plötzlich ein Gefühl großer Erleichterung, denn ich erinnerte mich genau daran, daß ich dem Brief erst einen schärferen Ton geben wollte, etwa in dem Sinne, daß er mir schon glauben dürfe, daß sich eine Angelegenheit nicht immer so schnell erledigen läßt, wie er es aus seiner Sicht erwartet.

Aber nun in der Erinnerung, da wußte ich: Ja, mein Brief war freundlich gewesen, das weiß ich bestimmt, und die Unruhe, die mich ergriffen hatte, als seine Frau von der plötzlichen Bedeutung meines letzten Briefes sprach, verwandelte sich in Ruhe.

*

Ich hatte noch einmal Glück gehabt! Denn natürlich bedenken wir nicht, wenn wir in unserer Alltagsgeschäftigkeit einen Brief in die Post geben, in welche Stimmung er hineintrifft, in welcher Situation sich der Empfänger gerade befindet. Bei einem Telefongespräch, da kann man alles fein justieren, da kann man mit seinen Gefühlen vor- und zurückgehen. Aber ein Brief, das habe ich nun gelernt, der steht, Buchstabe für Buchstabe. Ein Brief, der will allseitig bedacht und verantwortet sein. Ist das vielleicht der Grund, warum heute immer weniger private Briefe geschrieben werden?

Gespräch mit einer alten Dame: Was sind Erinnerungen heute noch wert?

Der Besuch war längst überfällig, wir hatten der alten Dame versprochen, »schon sehr bald einmal wieder hereinzuschauen«, aber bei der Hektik unseres Alltags waren wir seit Monaten nicht dazu gekommen.

Wir trösteten sie mit ein paar Telefonaten, mit Postkarten, wenn wir unterwegs waren, aber nun besuchten wir sie endlich. Wir saßen in dem viel zu kleinen Zimmer, in das sie nach dem Tod ihres Mannes hatte ziehen müssen, das große Haus ließ sich nicht halten – das Alter ist gnadenlos.

Sie erzählte uns aus ihrem Leben, Glückliches und Tragisches, wir selbst sagten nichts, wir kamen gar nicht dazu, so sehr hatte sich bei ihr der Wunsch, sich mitzuteilen, aufgestaut.

»Wenn ich euch etwas erzähle, was ihr schon kennt, dann unterbrecht mich bitte«, sagte sie an einer Stelle. Wir versprachen es – aber wir taten es nicht, wußten wir doch, daß die Gegenwart im Altersheim ihr nur noch wenig Erlebnisse schenkt.

Nach einem schönen Dichterwort ist ja die Erinnerung das einzige Paradies, aus dem wir nicht vertrieben werden können. Und diese feine alte Dame, sie durchwanderte ihr Paradies, sie suchte aus einer alten Pappschachtel Fotos längst vergangener Zeiten, um gleichsam zu dokumentieren, daß alles auch wirklich so gewesen ist.

Als wir schließlich gingen, hatten wir ein widerstrebendes Gefühl: Auf der einen Seite waren wir glücklich, der alten Dame bei ihrer Reise in die Vergangenheit gefolgt zu sein, weil wir sehen konnten, wie gut ihr das tat, wie dankbar sie war.

Auf der anderen Seite hatten wir nur gehört, was wir ohnehin schon kannten, der Fundus der Erfahrungen ist schließlich nicht beliebig vermehrbar.

Es war Novalis, der vor zweihundert Jahren einmal fragte, was eigentlich alt sei, und was jung sei. Und er gab die unerbittlich klingende Antwort: »Jung ist, wo die Zukunft vorwartet. Alt, wo die Vergangenheit die Übermacht hat.«

Für uns, die Kinder des Hier-und-Heute-Lebensgefühls, ist der Umgang mit den Erinnerungen, den eigenen, den fremden, schwierig geworden. Schließlich wurde uns in tausend »Lebenskunst«-Büchern die »Glücks-Formel« gepredigt: Nur das Heute zählt: Was gestern war, ist vergangen. Was morgen sein wird, weiß allein der liebe Gott.

Und so sehen wir das Leben gleichsam als eine Momentaufnahme, nicht wie einen Film, und »für Erinnerungen können wir uns sowieso nichts kaufen« – das Schmerzlichste, was uns heutzutage passieren kann.

»Laß uns aufpassen, daß wir nicht eines Tages auch anfangen, in der Vergangenheit herumzukramen, dann sind wir nämlich wirklich alt«, sagte meine Frau auf dem Heimweg.

Aber dann sagte sie auch noch: »Irgendwie ist es ja traurig, daß wir in einer Zeit leben, in der Erinnerungen so wenig wert sind.«

*

Ein paar Tage später kam ein Brief. Die alte Dame schrieb uns, die Stunde mit uns sei für sie die schönste des vergangenen Jahres gewesen. Wir fühlten uns plötzlich beschämt. Und wir fragten uns, ob wir nicht doch im Umgang mit der Vergangenheit Fehler machen. Und mit unserer Biographie.

»Mal sehen, was die Leute sagen« –
Das kleine, entlarvende Spiel
mit der Scheidung

»Waren sie nicht schrecklich, all diese vielen Scheidungsgeschichten, die wir heute abend hören mußten?« fragte die Frau ihren Mann, nachdem die Besucher gegangen waren und sie bei einem Nightcap die letzten Stunden noch einmal Revue passieren ließen.

Sie sind seit fast drei Jahrzehnten glücklich verheiratet, ein Leben voller Harmonie, kaum eine Wolke am Himmel, eine Bilderbuch-Ehe – aber auch noch eine Ehe von dieser Welt?

»Es kracht ja an allen Ecken und Kanten«, redete die Frau weiter, »irgendwie kommt man sich ganz schön altmodisch vor, wie ein Auslaufmodell.« Und dann fragte sie noch, vom Alkohol animiert und von den kaputten Ehen in ihrem Freundeskreis deprimiert: »Sag' mal, machen nicht möglicherweise wir etwas falsch, leben wir gar am wahren Leben vorbei?«

Nun unterbrach der Mann sein Schweigen, sprang plötzlich vom Sessel hoch: »Ich habe eine Wahnsinns-Idee: Wir werden überall bekanntgeben, daß wir uns scheiden lassen – ich bin gespannt, was wir dann zu hören bekommen.«

Eine Laune nur, ein kleines verwegenes Spiel – und die Frau war sofort einverstanden. Schon morgen wollten sie »nur mal aus Spaß« den Test in Szene setzen, der Stoff für ein ganzes Theaterstück sein könnte.

Was dann aber geschah, hätte das Ehepaar sich in den kühnsten Träumen nicht ausmalen können. Da hörte die Frau Glückwünsche, daß sie sich endlich »empanzipiert« habe. »Es wurde höchste Zeit«, rief eine ihrer Freundinnen, die auch ihr sofortiges Erscheinen ankündigte, um seelischen Beistand zu leisten, »damit du auf keinen Fall rückfällig wirst.«

Eine andere meinte, sie habe die ganze Ehe sowieso nicht verstanden, »ich habe mich schon immer gewundert, wie lange du es mit diesem Mann überhaupt ausgehalten hast.«

Aber auch ihr Mann ging durch ein plötzlich ausgebrochenes Fegefeuer von Meinungen, die er in dieser Schärfe nicht für möglich gehalten hatte.

»Klar, alter Junge, daß du auf deine alten Tage noch mal was Jüngeres brauchst«, sagte einer seiner besten Freunde laut lachend. »Ich habe, im Vertrauen gesagt, deine Treue schon immer für etwas krankhaft gehalten«, meinte der nächste.

*

Nur einmal – nur einmal! – bei etwa zwanzig Telefonaten kam ein spontaner Widerspruch: »Das muß ein Scherz sein.« Warum aber waren all die anderen auf das »Spiel« hereingefallen, warum hatten sie die vorgetäuschte Scheidungsabsicht blind geglaubt und sofort ihre bissigen Kommentare wie Kettenhunde losgelassen?

Weil Streit interessanter ist als Harmonie! Weil ein weiteres Scheidungsopfer ein Alibi für sie selbst sein könnte! Und weil sie alle immer wieder die eine große Unbekannte in ihrer Alltagsrechnung vergessen, die da Liebe heißt, von der einst ein Dante glaubte, sie allein bewege sogar die Sonne und alle anderen Gestirne – aber das ist ja sechshundert Jahre her.

Der Empfang –
ein grausam-schöner Jahrmarkt
der Eitelkeiten

Gala-Dinner, Empfang. Zauberworte unserer Zeit. Die Bütten-Einladungen mit feiner englischer Schreibschrift, auf den Namen ausgestellt, »nicht übertragbar«, mit Kleidervorschrift (Frack, Smoking, dunkler Anzug) sind mit Scheckkarten nicht aufzuwiegen. Wer dabei ist, ist dabei! Wer nicht dabei ist, kann höchstens die Anfahrt der Limousinen beobachten. Zaungast sein beim Treffen der Reichen und der Schönen, der Mächtigen, der Wichtigen, der Wichtigtuer auch.

Was dann beginnt, ist ein geheimnisvolles Spiel. Gespielt wird nach den unbarmherzigen Regeln des »Wer bist du, wer bin ich«.

Sehr schnell bilden sich in dem Raum gesellschaftliche »Kraftfelder«: Die Mächtigsten unter den Mächtigen sind immer sofort umlagert. Wer versucht, sich in die Runde einzuklinken, muß ein Partykünstler sein: Er schafft es mit einem Bonmot, mit einer überraschenden Frage, manche zupfen sogar am Ärmel des Ministers. Das Ringen um Aufmerksamkeit ist unerbittlich.

Als äußerst störend beim Party-Nahkampf erweisen sich

a) ein Glas in der Hand, weil man Champagner leicht verschüttet,

b) eine Zigarette, weil man den mühsam erkämpften Platz für den Weg zum Aschenbecher räumen muß,
c) der Appetithappen, weil man ja mit vollem Mund nicht mitreden kann.

Wenig originell, leider oft geübt, ist der Brauch, daß diejenigen, die ohnehin schon im Alltag dauernd miteinander sprechen, sich zu zweit in eine Ecke zurückziehen, ihre bedeutendste Miene aufsetzen, um zu signalisieren, daß sie jetzt bitte nicht gestört werden wollen. Aber aus irgendeinem Winkel schießt dann doch ein Paradiesvogel heran mit der blauäugigen Eröffnung: »Ich hoffe, ich störe Sie nicht gerade.«

Die Frauen, die das eitle Spiel ihrer Männer längst durchschaut haben, trösten sich derweil mit dem schönen Bild, das sie vor Augen haben: Die Modelle, der Schmuck, die Frisuren der Konkurrentinnen, die wie sie selbst nur auf das Wunder warten, endlich einmal in eine charmante Konversation verwickelt zu werden.

Irgendwann dann, meist zu früh, bricht der ganze Zauber des Empfangs wie ein Kartenhaus zusammen: Der Star, der bedeutende Manager, der Politiker, dessen Gesicht man bisher nur aus der Tagesschau kannte, ist plötzlich simsalabim, wie einst der Elefant auf der Bühne eines Magiers, ganz einfach verschwunden.

Nun schaut man sich um, sieht nur noch seinesgleichen, sagt zu seiner Frau: »Ich glaub', hier ist nicht mehr viel los«, und sie antwortet, endlich von ihrem Mann beachtet: »Ja, ich denke, wir sollten nicht die letzten sein, außerdem drücken meine Schuhe«, und beide gehen.

Er sagt zwar bei der Heimfahrt, daß er dem Genscher eine wichtige Information geben konnte, aber sie lächelt, und als kluge Frau sagt sie gar nichts. Weiß sie doch, daß nichts gelaufen ist außer Small talk, einseitiger wohlgemerkt, ein paar Gesprächsfetzen nur, die er auffangen konnte. Aber man war dabei, und dabeisein ist heute bekanntlich alles. Ein grausames Spiel, ein schönes Spiel, so ein Empfang, ein grausamschönes Spiel.

Freuen Sie sich auf die nächste Einladung!

Diese Hilflosigkeit, wenn man jemanden im Krankenhaus besucht!

Gleich werde ich ihn sehen, ich muß nur noch den grauen Korridor hinter mich bringen, die steile Treppe habe ich schon genommen. Die Bilder, die ich nur flüchtig – wie in einem zu schnellen Film – gesehen habe, versuche ich zu verdrängen: Kranke überall, Ärzte, Schwestern. Ich war plötzlich in einer anderen Welt.

Nun öffne ich die Tür zu Zimmer 14, ich sehe ihn dort liegen – schmal ist er geworden, die Haut bleich, die weißen Hände liegen kraftlos auf dem Laken. Die Operation nach dem Unfall hatte vier Stunden gedauert, die Intensivstation zwei Tage, so etwas bleibt nicht ohne Spuren. Er hebt den Kopf – und erkennt mich. Ein Lächeln. Mehr nicht. »Schön, daß du da bist.« Das Reden fällt ihm schwer. Ich rücke einen Stuhl an sein Bett. Soll ich meinen Mantel anbehalten, um ihm zu zeigen, daß ich nur kurz bleibe – oder soll ich ihn ausziehen, damit er nicht denkt, ich wolle hier schnell heraus? Was ist richtig, wenn man Kranke besucht?

Soll man von dem Leben da draußen erzählen, von den Dingen, die im Betrieb so laufen, von der Politik, weil er keine Zeitungen gelesen hat? Oder soll man über ihn selbst sprechen: den Unfall, die Schmerzen, die Operation, die Ärzte – und wie hier die Betreuung ist?

Das Buch, das ich ihm mitgebracht habe, hatte ich längst auf seinen Nachttisch gelegt, weil mir klargeworden war, daß er gar nicht lesen kann, in diesem trostlosen Zustand. Ich hätte doch vielleicht lieber Blumen mitbringen sollen. Aber Blumen werden ja immer vor die Tür gestellt. Ich habe das Gefühl, ich sollte Unverbindliches berichten, Geschichten aus dem Büro, die hört er immer gern. Ein paar Minuten geht es auch gut, aber dann schiebt sich plötzlich eine unsichtbare Wand zwischen uns, seine Konzentration läßt nach, es ist alles für ihn so weit weg.

Ob ich ihm die Tasse Tee reichen könnte, die neben ihm steht? »Die Schwestern haben viel zu tun«, sagt er, als ob er sich für seine kleine Bitte entschuldigen müßte.

Ich fühle mich elend. Eigentlich kann ich ihm nicht helfen. Der Kontrast zwischen ihm und mir, der ich aus der lauten Betriebsamkeit der Welt da draußen komme, wird von Minute zu Minute größer.

Ich erschrecke plötzlich bei der Erinnerung daran, daß wir beide vor einer Woche noch gemeinsam in einer Konferenz saßen, daß wir anschließend noch mit ein paar Freunden zu fröhlichem Abendessen in einem Restaurant waren – und wie sich innerhalb von 200 Stunden für ihn alles verändert hat.

»Schön, daß du dagewesen bist«, sagt er nun, noch etwas leiser als vor zehn Minuten bei der Begrüßung.

Dann der Korridor, die Treppe, der Ausgang. Ein Krankenwagen biegt gerade um die Ecke, mit Sirenenklang. Vorfahrt für den nächsten Patienten.

Draußen atme ich einmal tief ein. Endlich wieder in der heilen lauten schrecklich schönen Welt. Ob ich alles richtig gemacht habe? Ob mein Besuch sinnvoll war? Niemand kann dir das sagen. Schnell winke ich ein Taxi.

Man ist so hilflos, wenn man die Hilflosen besucht.

Die große Täuschung:
Von jeder Ehe sehen wir
nur die Fassade

Er sei zufällig in der Stadt, sagte er am Telefon, er würde heute abend einmal kurz vorbeischauen, »bitte, keine Umstände«, es sollte so ungezwungen sein wie es immer war, wenn er mit seiner Frau bei uns erschien, ohne feierliche Einladung, vielmehr ganz spontan, wie es eben nur unter besten Freunden möglich ist. Und dann hörte ich noch, bevor er den Hörer auflegte, wie er mit der Überraschung herausrückte: »Ich bringe übrigens meine neue Frau mit, wir haben gerade geheiratet, sie freut sich schon darauf, euch endlich kennenzulernen, ich habe ihr schon so viel von euch erzählt.«

Mir war – da ich von seiner zweiten Ehe nichts wußte –, als sei plötzlich, sozusagen mitten im Stück, der Vorhang gefallen, und ein unbekanntes Schicksal hätte die Regie übernommen.

Und dann kamen sie! Mit Blumen. (»Das war doch nicht nötig«, sagte meine Frau artig.) Und mit einer Flasche Champagner. (»Das Kennenlernen muß doch gefeiert werden«, rief mein Freund mit jener forschen Fröhlichkeit, die sich gerne zeigt, wenn man sich einer Sache noch nicht so ganz sicher ist.) Und dann redete er ohne jede Unterbrechung, als müßte er uns die Welt – genauer: seine neue Welt – noch einmal neu erklären.

Die Neue an seiner Seite war jünger und kühler als seine erste Frau, von der er sich getrennt habe, »weil man nur einmal leben würde«, leider hätte sie mit ihm nicht Schritt gehalten, sei zu sehr im Haushalt aufgegangen, hätte ihre Kinder als alleinige »Lebensaufgabe« betrachtet.

Und die Kinder? Ach ja, die Kinder! Die hätten die Trennung auch nicht mehr verhindern können, »wer dankt es einem denn, wenn man die Kinder zum Maßstab seiner eigenen Lebensentscheidung macht?«

Je länger er sprach, desto fremder wurde er uns. Die Neue an seiner Seite – ohne Zweifel attraktiv, modebewußt, ehrgeizig und sehr bemüht, sich in unsere alte Freundschaft einzufühlen – glich dennoch einem Spiegel, der seine jäh aufgebrochene Egozentrik tausendfach reflektierte.

Und nun sahen wir plötzlich das Bild seiner ersten Frau vor uns, wie wir es in Erinnerung hatten: eine liebenswerte, warmherzige, behutsame Frau, die sich stets zurückgenommen hatte, um ihm nichts von seiner Wirkung zu nehmen, die, wie wir genau wußten, immer für ihn da war.

Es wurde ein kurzer, ein trauriger Abend, der uns nachdenklich stimmte. Ein Gespräch kam nicht in Gang. Der Monolog seiner Eitelkeit an der Seite der viel Jüngeren versandete an unserer Betroffenheit. War er mit der neuen Frau zugleich selbst ein neuer Mensch geworden? Oder hatten wir ihn in seiner Kompromißlosigkeit vorher nur nicht richtig erkannt?

Als die beiden gegangen waren, sagte meine Frau: »Schade, nichts ist von Dauer, nicht einmal eine solche alte Freundschaft. Wenn wir uns nicht verändern, verändert sich trotzdem alles um uns herum.«

Und wir fühlten uns auf eine seltsame Weise ohnmächtig, weil wir bisher glaubten, die gute Ehe unseres besten Freundes genau zu kennen, ein Irrtum, wie wir nun wissen. Wir sehen nämlich immer von jeder anderen Ehe nur eines: die Fassade, nichts als die Fassade.

Wenn wir selbst im Mittelpunkt stehen: Der Film des eigenen Lebens im Zeitraffer

Es sind ja wirklich nur Minuten, in denen sich alles zuspitzt, in denen unsere Gefühle sich erheben: bei einer Ehrung, einem runden Geburtstag, einer Ordensverleihung, beim Start in ein neues Amt, bei einem Abschied.

Dann stehen wir da, umringt von Freunden, Bekannten, Mitarbeitern, irgend jemand hat großzügig eingeladen –, und wir sind der Mittelpunkt, der Ehrengast, nur weil irgendein Datum fällig ist.

Nun schütteln wir fünfzig, hundert oder mehr Hände, die Glückwünsche klingen entweder feierlich, »Mögen Sie uns weiter in alter Frische erhalten bleiben«, oder salopp »Mach's gut, altes Haus«. Und hinter uns steht der kleine Tisch, auf dem sich die Geschenke türmen, abends wird man sie zu Hause auspacken, wenn der Empfang vorüber ist.

*

Aber noch gibt es das Defilee der Gratulanten, die Reden! Bist du wirklich derjenige, der hier besungen wird? Ja, du bist es, an einigen Daten und Tatsachen, die unverrückbar sind, hast du es erkannt, sonst würdest du ja glatt denken, hier wird jemand anderes geehrt! War man wirklich so gut, so menschlich, so großartig, so hilfreich, so wirksam, so unersetzlich?

Bei jedem Gesicht, das sich einem entgegenbeugt, werden Assoziationen geweckt: Der Film des eigenen Lebens läuft nun wie im Zeitraffer ab, tausend Erinnerungen sind plötzlich da: an die Stationen deines Lebens, an Entscheidungen, Diskussionen, an Siege, aber auch an Niederlagen, die höflicherweise heute und hier nicht erwähnt werden.

Es geht alles so schnell, so unwirklich schnell! Schon ist die Laudatio gehalten worden. Schon bilden sich Gruppen, Lachen überall, einige suchen noch deine Nähe, während andere – du siehst's genau – bereits dem Ausgang zueilen. Was sich Wochen zuvor mit Einladungen, Terminabsprachen, Nachfragen, auch mancher Geheimnistuerei langsam aufbaute, es zerfällt nun in Minuten.

*

Kurz darauf sitzt du im Auto, fährst heimwärts, das Fest ist vorüber. Die Frau fragt beim Nachhausekommen, wie es denn gewesen sei. Du hörst dich antworten: »Eigentlich war es doch ganz schön« – denn »eigentlich« wolltest du ja nicht so groß gefeiert werden, eher bescheiden sollte es zugehen, nur keine Umstände, bitte, den anderen nicht zuviel zumuten, die eigene Person bloß nicht so wichtig nehmen …

Aber diese schwebenden Minuten, in denen du, wie in einem Brennglas, einmal auf dein eigenes Leben schauen durftest – natürlich nur von der Sonne der Verwöhnung und Zuneigung bestrahlt –, diese Augenblicke sind nun schon unerbittlich Vergangenheit. Hat man es vermocht, sie richtig zu genießen? Vielleicht gibt es Ereignisse, die erst dann unsere Seele erreichen, wenn sie in uns nachschwingen, weil im Augenblick des Geschehens unsere Aufmerksamkeit allzusehr beansprucht wird. Im Mittelpunkt zu stehen, das ist so ein Ereignis. Da ist man befangen, das kann man ja nicht üben, weil man dort zu selten steht, nicht wahr? Aber im Nachklang, da entfaltet sich die Freude doch noch – und die Dankbarkeit.

Der Augenblick, in dem man sich an einen Menschen nicht mehr erinnert ...

Mitten in der Stadt, inmitten der Passanten, wurden meine Schritte plötzlich langsamer. Ich hatte es gar nicht gewollt, es geschah gleichsam mit mir: eine unwillkürliche Verzögerung, ich hatte ein Gefühl, als habe sich vor mir ein Kraftfeld aufgebaut, das ich mit gewohnter Geschwindigkeit nicht durchschreiten konnte.

Aber dann, drei, vier Schritte weiter, löste sich für mich das Rätsel – denn vor mir stand wie aus dem Erdboden gezaubert ein Mann, den ich kannte – und doch nicht kannte.

Er lächelte mich an, neugierig, wie ich reagieren würde. Für einen Augenblick versuchte er, beide Arme auszubreiten als Zeichen einer herzlichen Begrüßung. Aber dann unterließ er es, denn er hatte an meinem Gesichtsausdruck bemerkt, daß ich nicht wußte, wo ich ihn einzuordnen hatte, daß ich bemüht war, den Film meines Lebens in Bruchteilen von Sekunden zurückzuspulen, um jene Szenen zu finden, in denen er eine Rolle gespielt haben muß. Denn es war unverkennbar: Er hatte mich erkannt. Er wußte sogar meinen Namen, während ich selbst seinen Namen noch verzweifelt in meinem Gedächtnis suchte.

»Mensch, altes Haus, wie freue ich mich, dich wiederzusehen«, sagte er nun – und wartete. Dabei lächelte er, legte den Kopf leicht zur Seite und schaute mich endlos lange an. Es waren für mich quälende Augenblicke, weil dieses Nicht-Erinnern wirklich nichts zu tun hatte mit einer geringeren Wertschätzung – im Gegenteil.

Endlich tat er, was man in solchen Fällen immer tun sollte: Er erinnerte mich daran, daß wir eine, wenn auch nur sehr kurze Zeit, vor vielen, vielen Jahren in einem Betrieb zusammengearbeitet hatten.

Jetzt stand mir alles klar vor Augen – und wir redeten von den längst vergangenen Zeiten. »Irgendwie ist heute ja alles unpersönlicher geworden«, sagte er, ganz beiläufig, aber ich fühlte mich ertappt. Wir traten zur Seite, um die anderen Fußgänger nicht zu stören – und waren plötzlich ein Herz und eine Seele, wie damals, als wir auf einem Korridor Zimmer an Zimmer saßen.

Ich gab ihm zum Schluß meine Telefonnummer, damit er mich anrufen kann, wenn er wieder einmal in die Stadt kommt. »Ja, das mache ich, das mache ich ganz bestimmt, worauf du dich verlassen kannst« – es klang fast wie eine, wenn auch scherzhaft gemeinte, Drohung.

*

Irgendwie hatte ich später ein schlechtes Gefühl, daß ich nicht sofort auf seinen Namen gekommen war, daß ich mich nur bruchstückhaft erinnerte. Natürlich tröstete ich mich mit der Fülle der Begegnungen, die uns heute im Zeitalter der blitzschnellen Kommunikation überall beschert werden.

Und ich fragte mich, ob wir, wenn wir zwar von jemandem erkannt werden, ihn selbst aber nicht sofort »einzuordnen« wissen, den fatalen Eindruck hinterlassen, wir seien hochmütig geworden. Wovor uns – da sind wir uns doch alle einig! – Gott bewahren möge.

Darum machen wir es uns doch einander leicht, wenn plötzlich ein Stück Vergangenheit vor uns steht – und seien wir wechselseitig nachsichtig.

Und wenn wir die Telefonnummern ausgetauscht haben, sollten wir auch wirklich später einmal anrufen, denn versprochen ist doch versprochen, nicht wahr?

III.
ARBEIT IST DAS HALBE LEBEN – ODER?

»Das Leben verfliegt so schnell«: Der Preis der Frau für die Karriere des Mannes

Nun standen sie alle in einer Schlange, also dort, wo sie eigentlich sonst niemals stehen müssen, die hochmögenden Herren aus den Führungsetagen, sie wirkten etwas hilflos, weil sie das Warten verlernt haben, da sich ihnen doch alle Türen öffnen, wann immer sie die Ehre ihrer Anwesenheit verschenken – wie heute bei diesem großen Geburtstagsfest.

Mit einem kleinen Päckchen der eine, ohne Geschenk der andere, so traten sie von einem Fuß auf den anderen, nur ruckweise ging es voran, denn mancher nutzte beim Defilee die Gelegenheit, dem Geburtstagskind ein paar mehr Sätze zu sagen als nur »alles Gute«. Und er, der Gefeierte, genoß diese Zeichen der Sympathie, der Freundschaft. – Und irgendwo in einer Ecke des großen Raumes saß, fast versteckt und sehr bescheiden, seine Frau, mit der er seit Jahrzehnten verheiratet ist.

Nun wurden, in mehreren Reden, die Verdienste von ihm wie Perlen auf eine Schnur gereiht, da war ein Leuchten und Glitzern, und erst der letzte Festredner – einer von fünf Rednern immerhin! – sagte endlich, daß die Karriere des Jubilars undenkbar sei ohne die Frau an seiner Seite, »die soviel Zeit opfern mußte, damit ihr Mann seine großen Aufgaben bewältigen konnte«, und deshalb gebühre auch ihr ein Wort des Dankes.

In diesem Augenblick schaute ich in ihr Gesicht, und ein Lächeln war zu erkennen, ein kleines, bescheidenes Lächeln, mehr nicht, sie trat auch jetzt nicht aus dem Schatten heraus.

Als dann an dieser Stelle der Laudatio der Beifall losprasselte, als der Festredner spürte, daß er ins Schwarze getroffen hatte, da fügte er noch einen zweiten Satz an: »Wir Männer vergessen leider viel zu oft, daß es zumeist unsere Frauen sind, die den Preis für unsere Karrieren bezahlen müssen.«

Und siehe da: Nun gab es noch einmal Beifall, weil all die Vielbeschäftigten insgeheim plötzlich spürten, wie recht der Redner hatte, und weil sie für Sekunden an ihr eigenes Leben dachten und daran, was sie selbst in der Hektik des Alltags ihren Frauen alles schuldig geblieben sind.

Nach den Reden, den Geschenken, den Dankesworten ihres Mannes für die Dankesworte, die ihn so anrührten, löste er sich aus dem Pulk der Gratulanten, suchte seine Frau, fand sie – und ich sah eine Umarmung – genauer: die Andeutung einer Umarmung inmitten der vielen neugierigen Blicke, denn wer gibt – als Manager! – seine Gefühle schon gerne preis!

Und doch war zwischen den beiden für Augenblicke eine schwebende, wunderbare Zärtlichkeit, und sein Blick verriet etwas von der Demut, die sich seiner bemächtigte, im Angesicht seiner Frau, »ohne die er nicht wäre, was er geworden ist«, wie soeben ja gerade öffentlich erklärt worden war.

Spätestens in diesem Augenblick wußte er: Für einen solchen Satz bei einem solchen Jubiläum müssen die Frauen ein langes Leben ganz schön zurückstecken. Aber natürlich sprach keiner der beiden darüber ein Wort. Erst als ich später fragte, wie sie sich fühle, kam ein Seufzer: »Ach wissen Sie, das Leben verfliegt so schnell.« Und da wußte ich: Nun hatte sie doch noch unversehens einen Blick in ihre Seele erlaubt.

Wachwechsel in der Firma:
Der schwere Abschied
vom »Alten«

Da standen sie im Kreise, die vielen kleinen Chefs, die Abteilungsleiter und Kostenstellenleiter und all die Wichtigen, die die Maschinerie des Betriebes am Laufen halten. Sie plauderten Belangloses, weil sie wußten, daß das Entscheidende doch nicht von ihnen kommen würde, jedenfalls nicht zu dieser Stunde, in der etwas anderes auf dem Programm stand: die Verabschiedung des Chefs, des Chefs der vielen kleinen Chefs sozusagen, und – noch wichtiger, interessanter und mit banger Neugier erwartet – die Amtseinführung des neuen Chefs.

Da ging auch schon die Tür auf und die beiden Herren kamen herein, keine Minute zu früh, keine Minute zu spät, Manager-Präzision. Alle Blicke richteten sich auf den Neuen, von dem sie irgendwann nur einmal den Namen gehört hatten, als das Gerücht durch die Korridore geisterte, wonach ein Wechsel ganz oben an der Spitze bevorstünde, was natürlich prompt ein Dementi heraufbeschwor – aber wer glaubt denn heute noch einem Dementi?

Ja, der Neue war jung, wirkte dynamisch, er strahlte Vitalität aus, das Rundschreiben, mit dem zu dieser Zeremonie eingeladen worden war, hatte ja auch die Begründung schon mitgeliefert, »man wolle die Verantwortung in jüngere Hände legen«.

Der alte Chef ließ dem jungen Chef den Vortritt, er ging gleichsam in seinem Schatten, er hatte auch schon längst gespürt, daß er kaum noch beachtet wurde, kein Wunder: Nichts ist so neu wie ein Neuer.

Nach den Reden geschah etwas Seltsames: Als ob der Neue einen eingebauten Magnet besitzt, zog er die vielen kleinen Chefs an sich, sie drängten sich um ihn, hingen geradezu an seinen Lippen. Der andere, der alte, der in den Gedanken schon abgeschriebene Chef stand abseits, erkannte plötzlich, daß der Zauber der Macht endgültig gebrochen war. Drei, vier Kollegen aus alten Tagen sprachen noch mit ihm, mehr aus Höflichkeit, wie es schien, oder weil bei dem Neuen, der nur zwei Meter weiter entfernt stand, sowieso kein Platz war.

*

Nach vierzig Minuten war der Spuk vorüber! Die beiden Herren gingen, wie sie gekommen waren: forsch und federnd der eine, etwas müde nun der andere.

Und plötzlich war Melancholie im Raum, wie immer, wenn eine Ära zu Ende geht. Der Alte hatte zwar noch gelächelt, als er durch das Spalier der Mitarbeiter ging. Aber es war ein Lächeln mehr für sich selbst, nicht dafür bestimmt, noch irgend jemanden hier für sich zu gewinnen, wo er sowieso nichts mehr gewinnen konnte.

Erst als beide draußen waren, sagte einer: »Jetzt wird alles neu. Und wißt ihr, was ich glaube? Wir müssen uns jetzt ganz schön warm anziehen.«

Ja, ja, die Zeiten ändern sich immer wieder. Für die kleinen Chefs, die großen Chefs, für alle. Aber das Leben sorgt für Gerechtigkeit: Eines Tages wird der Neue der Alte sein. So wie heute, genauso wie heute.

Die Nüchternheit der Frühmaschine und Träume in der Abendmaschine

Nur nicht nervös werden, nicht schon um sieben Uhr morgens, der Tag ist ja noch gar nicht richtig ins Laufen gekommen. Da hat man sich abgehetzt, aufs Frühstück verzichtet, nun steht man am Lufthansa-Schalter, möchte schnell seinen Platz in der Frühmaschine nach Köln/Bonn reservieren – aber vor dir steht einer, mit seinen Koffern, der will nach Abu Dhabi ... – über Frankfurt, Raucherplatz. Das Mädchen hackt endlos auf die Tasten des Computers. Schreibt sie vielleicht einen Roman? Was sucht sie? Was findet sie nicht?

Vielleicht sollte ich schnell den Schalter wechseln, nebenan warten nur zwei Herren – ohne Gepäck. Einer mit Gepäck nach Abu Dhabi ist schlimmer als zwei ohne Gepäck nach Köln oder München.

*

Aber dann bleibe ich doch. Schaue mich um. Überall graue Gesichter. Manager unterwegs. Heerscharen von Managern müssen heute wieder unterwegs sein, alles ist ausgebucht. Wer auf der Warteliste wartet, sieht noch grauer aus als die anderen, die ihr Okay schon in der Tasche haben.

Kein Lächeln rundum, kaum ein Laut, Frühmaschinen haben etwas unerbittlich Nüchternes an sich.

Ganz anders zwölf Stunden später, am Abend. Da sind sie zwar auch wieder alle miteinander versammelt, die Entscheidungsträger, die Macher mit den schmalen Köfferchen und Zahlenschlössern, diesen Insignien der Manager-Macht und -Herrlichkeit – wer weiß, was da wirklich hinter Aluminium und Leder, sei's Nappa oder Krokodil, versteckt ist: »Positionspapiere«, Korrespondenzen, Bilanzen – oder »Lui«, »Playboy«, »Bonner Generalanzeiger«? Natürlich stehen alle wieder Schlange, aber lockerer. Nicht so eng, nicht auf Atemnähe wie am Morgen. Irgendwie wird man schon noch heimkommen. Stimmengewirr, man redet miteinander. Es wird sogar gelacht. Denn sie haben nun alles hinter sich – die Konferenzen, die Geschäfte, ihr Monopoly ohne Würfel.

Am Morgen waren sie auf Angriff gestimmt, memorierten noch einmal ihre Verhandlungsstrategie, flogen dann hinein ins Ungewisse, nicht jedes Geschäft klappt ja schließlich – doch nun war alles gelaufen: Die Unsicherheit hatte sich in Sicherheit verwandelt, man hatte – so oder so – ein Ergebnis. Der Tag geht – und die Abendmaschine kommt.

*

Und mit ihr kommt etwas ganz Wunderbares: eine lässige Stimmung. Nun wartet keiner vor dir, der noch nach Abu Dhabi will. Der Check-in geht ruckzuck, die Finger der Mädchen fliegen über die Tasten des Computers, die Stewardessen lächeln, der Flugkapitän verkündet, daß wir »fünf Minuten vor der Zeit«

landen werden – er will ja schließlich auch nur, was wir alle wollen – nach Hause.

In der Kabine: entspannte Passagiere. Mehr Gin-Tonic, weniger Kaffee. Müdesein ist jetzt erlaubt. Der Erfolgskoffer bleibt geschlossen, der Wirtschaftsteil der Zeitungen wird überblättert.

In einer Illustrierten Bilder von den Rocky Mountains, man hängt seinen Gedanken von Freiheit und Weite nach. Wenn man doch jetzt nicht nach Fuhlsbüttel, sondern nach San Francisco durchfliegen könnte!

Ja, Abendmaschinen können dich zum Träumen bringen. Das schönste an Managers Hinflug ist allemal der Rückflug.

»Warum arbeiten Sie noch?« –
Die pensionierten Verführer mit dem Tschubi-dubi-Gang

Man kann ihnen nicht mehr entrinnen, sie tauchen überall auf, wo Menschen zusammenkommen, bei Partys und Empfängen, sie sind immer leicht gebräunt, leger gekleidet, sie kommen dir mit dem lockeren Tschubi-dubi-du-Gang entgegen, das Campari-Orange-Glas in der Hand, die meerblauen Augen weit geöffnet, die jetzt so viel Schönes sehen – denn sie haben sich »abgeseilt«, sind »ausgestiegen«, haben eine »neue Lebensperspektive« gewonnen. Sie konnten sich gerade noch vor dem drohenden Herzinfarkt aus dem Rennen nehmen, dem »Rattenrennen«, wie einige verächtlich sagen, obwohl sie doch jahrzehntelang selber mitgerannt sind – ich meine die immer größer werdende Heerschar der vorzeitig Pensionierten.

*

Die Tachonadel ihres Lebens spielt zwischen 55 und 65. Sie könnten, ausgeruht und aktiv, wie sie vor einem stehen, noch eine Menge bewegen, statt dessen wecken sie mit ihren Beschwörungen das in uns allen schlafende Gefühl, daß das Leben vielleicht doch noch ein paar andere Facetten bietet als nur das anstrengende Bermudadreieck Arbeitsplatz, Karriere, berufliches Hickhack.

Ja, die Verführer sind mitten unter uns! Sie waren gerade wochenlang in ihrem Landhaus in der Toskana, sehen nun in ihrer deutschen Stadtwohnung nach dem Rechten – und der Geldüberweisung –, ehe sie dann zur Kreuzfahrt in die Karibik starten.

Und all die anderen, die statt aufs Meer immer noch aufs Zifferblatt schauen, weil Termine sie bedrängen, kommen ins Grübeln: Ob sie selbst mit ihrer vielen Arbeit, ihrem Dranbleiben, ihrem Mitmischenwollen nicht vielleicht doch auf dem schattigen Ufer des Stromes stehen, der da Leben heißt. Hat nicht der Dramatiker Tennessee Williams vielleicht doch recht, der sagte, Arbeit sei ein Rauschgift, das nur wie ein Medikament aussieht?

Die Verführer haben eines gemeinsam, was sie von denen unterscheidet, die noch nicht den Absprung gefunden haben: Sie propagieren auch ungefragt ihren neuen, befreiten, von keinem Streß gestörten Lebensstil. Sie reden suggestiv. Sie verklären das Dolcefarniente in einer Art, daß man sich selbst plötzlich um Wesentliches betrogen fühlt.

Mehr noch, die selbsternannten Lebenskünstler senken den Keim der Unzufriedenheit in die Gedanken all jener, die noch immer an den Sinn ihrer Tätigkeit glauben. »Wer sein Leben über die Arbeit definiert, ist ein armer Wicht«, sagte gestern ein 55jähriger »Hoppla-ich-bin-mal-wieder-da-Mensch«, und all die anderen Herren gleichen Alters blickten betroffen in die Runde – das Skalpell hatte tief geschnitten.

Denn plötzlich war, wenn auch unausgesprochen,

die Frage da, für die wir Deutschen immer ganz besonders empfänglich sind: die alles bewegende »Sinnfrage« im Zusammenhang mit der einmaligen Offerte, die uns das Leben schenkt: das Leben selbst.

*

Ja, sie sind gefährlich, diese Männer, die den Seesand von Alicante noch in den Schuhen haben, während sie uns von der Nutzlosigkeit unseres alltäglichen Tuns in Wanne-Eickel überzeugen wollen. Wer hätte je geglaubt, daß man sich plötzlich bei einem geselligen Abend rechtfertigen muß, warum man jetzt früher nach Hause geht als die anderen, da man doch morgen wieder »voll an Deck« sein will?

Kongresse – künstlich beatmet, hart wie Beton, kühl wie Glas – und trotzdem fahren wir hin

Spätestens in dem Augenblick, da der Mann zu seiner Frau eher beiläufig sagt, »ich muß übrigens nächste Woche nach Paris zu einem Kongreß«, weiß die Liebste, was die Stunde geschlagen hat: Kongreßwelt, Männerwelt, Wunderwelt, ein eigener Kosmos. Er hört nur ein leises »Aha«, denn gegen Kongresse, das weiß auch sie, kann man nichts machen, sie sind wichtig für all die Wichtigen – und ihr Mann gehört dazu, das ist klar.

Und so kommen sie angeflogen, die Manager, sie eilen ins Kongreßzentrum, meist ein Ungetüm aus Stahl, Beton und Glas. Endlos die Gänge. Überall Wegweiser, Kongreß A in Saal B, Kongreß C in Raum D.

Im Kongreßbüro, eine Art Lazarett für die Kongreß-Wehwehchen, verteilen freundliche Hostessen Mappen und vollbringen nebenbei ein Wunder, das man heute eigentlich nicht mehr für möglich hält: Sie verwandeln all die hochmögenden Herrschaften in simple Kongreß-»Teilnehmer«.

Schon naht der Begrüßungscocktail, wo man verzweifelt die Menschen sucht, die man sowieso schon kennt. Und während die Kongreßmaschine auf Touren kommt, schreiten die ausgefuchsten Kongreß-Profis bereits zur Tat: Sie picken sich die Veranstaltungen heraus, bei denen sie – schon wegen der Spesen – unbedingt dabeisein müssen.

Mögen die anderen, das Fußvolk, wie Lemminge in die Vorträge ziehen, sie selbst zurren schnell ein paar private Termine fest, getreu dem Beispiel der Spitzenpolitiker, die ja auch immer »am Rande« von UNO- und anderen Konferenzen die unmöglichsten Sachen fertigbringen.

Der Kongreß-Profi richtet es im weiteren Verlauf so ein, daß er seine verlorene Individualität möglichst schnell zurückgewinnt. Beispielsweise durch verspätetes Erscheinen, das ihm die Aufmerksamkeit des Auditoriums sichert. Oder er läßt sich telefonisch herausrufen. Oder er durchbricht das lähmende Schweigen nach einem Vortrag mit dem ersten Statement. Oder er erschreckt gar alle Versammelten mit der Bemerkung, er habe das Gefühl, »hier auf der falschen Veranstaltung zu sein« – das heizt die Neugier an.

Ein weiterer Trick im Medienzeitalter: Immer in die Nähe des Kongreß-Stars rücken, wenn das Fernsehen kommt, denn auch für den größten Manager ist immer noch das allergrößte, wenn tags darauf der Sohn dem Vater entgegenläuft und ihm zuruft: »Papi, ich habe dich gestern in der Tagesschau gesehen.«

Und die Frauen? Sie sollten dem erschöpften Heimkehrer sanft entgegenkommen, denn er hat ja schlecht geschlafen, »überall diese verdammten Klimaanlagen«. Sie haben auch keine weiteren Probleme, denn daß Kongresse tanzen, das gab es zuletzt

1814 in Wien. Kongresse heute sind leider oft wie die Räume, in denen sie stattfinden: künstlich beatmet, durchsichtig wie Glas, hart wie Beton, kühl wie Stahl.

*

Trotzdem fahren wir alle immer wieder hin, wenn der nächste Kongreß ruft, nicht wahr?

Was wissen wir wirklich vom Nächsten, mit dem wir Tag für Tag zusammen sind?

Irgendwann begannen die Mitarbeiter zu tuscheln: Ihr Chef sei auch nicht mehr der, der er einmal war, »irgendwie« hätte er sich verändert, und doch konnte keiner sagen, woran das lag.

Es waren auch eher Belanglosigkeiten: So war aufgefallen, daß immer häufiger Konferenzen ohne jede Begründung plötzlich abgesagt wurden.

Da standen die Herren in seinem Vorzimmer und warteten, und dann sagte die Sekretärin: »Es tut mir leid, der Chef mußte ganz schnell aus dem Haus, es gibt einen neuen Termin« – und so gingen sie verärgert davon, hineingeworfen ins Nichts, denn Konferenzen waren seine Spezialität, und ohne Konferenzbeschlüsse lief in dem Betrieb so gut wie gar nichts.

*

Wenn Mitarbeiter den Chef trafen, wirkte er schon seit Wochen geistesabwesend, wenn sie grüßten, wurde der Gruß von ihm kaum oder nur sehr fahrig erwidert.

Auch war natürlich nicht verborgen geblieben, daß das Licht in seinem Büro abends nur noch selten brannte: Bisher war der Chef immer als letzter gegangen.

»Als ich gestern bei ihm war, um etwas Wichtiges

zu besprechen, schaute er dauernd auf die Uhr, er hörte mir kaum zu, ich hatte das Gefühl, als sei er in Gedanken in fernen Welten oder bei einer Freundin«, sagte einer verärgert in der Mittagspause.

»Der Fisch stinkt bekanntlich vom Kopf her«, erwiderte ein anderer zornig; denn längst gab es Gerüchte, daß es der Firma nicht mehr so gut wie all die Jahre zuvor ginge – »irgendeinen Grund muß es doch geben«.

Eine Beobachtung fügte sich so zur anderen, wurde in den Korridoren besprochen und gedeutet, um schließlich bei allen in einem Gefühl der Verlorenheit zu münden: Ihr Chef, den sie respektvoll »den Alten« nannten, war eben leider nicht mehr der alte.

Schon beschimpften einige hinter seinem Rücken den Mann, den sie bis gestern noch so toll fanden, monierten selbst kleinere Schwächen – »Zum Friseur könnte er auch mal gehen«, sagte eine Kollegin schnippisch.

Und dann? Dann wurden sie eines Tages alle beschämt! Denn wie ein Lauffeuer sprang die Nachricht von Zimmer zu Zimmer, daß die Frau des Chefs gestorben war, »nach längerem Leiden sei sie erlöst worden«, wie es zwei Tage später in der Todesanzeige hieß.

Und plötzlich stellten sich alle die Frage: Was wissen wir in Wahrheit schon vom Nächsten, und sei er uns tagtäglich noch so nah?

Wir wissen wenig oder gar nichts! Wir stellen Vermutungen an, wir rätseln, wir meckern, wir verdächti-

gen, wir kombinieren, wir beurteilen – und wir verur-
teilen.

*

Dabei sollte uns doch die Lebenserfahrung gelehrt
haben: Wenn jemand aus der gewohnten Rolle fällt,
dann kann es sein, daß er gerade eine andere Rolle
spielen muß, von der wir nichts wissen.

Zum Beispiel die eines Mannes, der mit seinem
Schmerz alleine bleiben will, der – wie jetzt bei dem
Chef geschehen – sogar Konferenzen platzen ließ,
um zu seiner Frau ins Krankenhaus zu eilen.

»Gehe nicht zu Deinem Fürst …«:
Termin beim Chef –
wie auf einem anderen Stern

Er fühlte sich wie ein Sprinter vor dem Start – da kam der verhängnisvolle Anruf: Terminverschiebung! Der Chef hätte im Augenblick für ihn doch noch keine Zeit. Alles hätte geschehen dürfen, nur dies nicht! Denn alle Nervenstrapazen, die ein solches Gipfeltreffen im Büro begleiten, hatte er schon hinter sich: die Schlafstörungen, die Selbstgespräche im Badezimmer, die vielen Tassen Kaffee, die erste Morgenzigarette schon im Auto, damit der Kreislauf auf Touren kommt, die verfrühte Ankunft im Büro, es könnte ja sein, daß das Gespräch vorgezogen wird, aber nun geschah das Gegenteil: Termin-Verschiebung!

Da saß er nun mit hochgeputschtem Adrenalinspiegel – in seinem Zimmer –, und etwas Seltsames widerfuhr ihm: Er dachte über sein Anliegen, das er dem Chef vortragen wollte, noch einmal nach – und es erschien ihm plötzlich viel kleiner als noch vor Stunden, nicht so dringlich, so wichtig, so unaufschiebbar.

Vielleicht hätte ich überhaupt nicht um den Termin bitten sollen, fragte er sich nun, der Chef da oben hat ohnehin so viele Probleme, warum ihn belästigen?

Aber dann meldete sich wieder die kleine Stimme, die man das Gewissen nennt, sie befragte ihn, warum

er die Büro-Intrige, über die er sich beschweren wollte, nun plötzlich geringer einschätzte, nur weil der
Chef nicht, wie erwartet, zu sprechen war.

Jetzt begann er sich zu ärgern, denn hatte er nicht
lange genug antichambriert, um endlich vorgelassen
zu werden? Hatte der Chef nicht selbst immer wieder
erklärt, seine Tür stehe für jeden offen, man könne je-
derzeit mit allen Nöten zu ihm kommen, »dafür bin
ich doch da«?

Da klingelte das Telefon! Die Sekretärin sagte, sie
könne ihn doch noch »dazwischenschieben«, er zog
den Krawattenknoten fester, lieber »dazwischenge-
schoben« als gar nicht, er weiß ja, daß dort im Olymp,
wo alle Macht und Herrlichkeit versammelt ist, auch
alle anderen Termine hin- und hergeschoben werden
wie Figuren auf einem Schachbrett. Doch nun war er
endlich am Zuge.

Nun noch der lange Korridor, die Treppe, das Vorzimmer, »Sie müssen einen Moment warten, der
Chef telefoniert gerade noch«, ein mitleidiges Lächeln der Sekretärin, die inzwischen schon wieder
mit jemandem telefoniert, der auch einen Termin
haben möchte, »frühestens in zehn Tagen kann ich
Ihnen einen geben«, hört er. Hier läuft des Managers
Zeithackermaschine wirklich auf vollen Touren.

Dann ist er endlich drinnen, der Chef hat gerade
mit New York gesprochen, »da haben wir einen ganz
dicken Fisch an der Angel«, er erfährt nebenbei, daß
es um ein zweistelliges Millionengeschäft geht – und
nun erscheint ihm das Ärgernis aus seinem Alltag

wieder so unbedeutend, gleichsam wie im Rückspiegel eines Autos, daß er kaum davon zu reden wagt.

*

Und genauso verläuft das kurze Gespräch! Als er neun Minuten später wieder draußen ist, hat er zwar die Worte seines Chefs im Ohr: »Ich werde mich darum kümmern«, aber irgendwie hatte er das Gefühl, zu Besuch auf einem anderen Stern gewesen zu sein, von dem aus seine kleine Angestellten-Büro-Welt genauso aussah, wie sie leider auch wirklich ist – sehr winzig und relativ unbedeutend.

Als er abends seiner Frau davon erzählte, wiederholte sie nur, was sie schon vorher gesagt hatte: »Gehe nicht zu Deinem Fürst, wenn Du nicht gerufen wirst.«

Ja, man sollte wirklich öfter auf die Frau hören.

Steigflug und Absturz:
Konferenzen sind eine geheimnisvolle,
gefährliche Welt

Er blättert verzweifelt in seinem Terminkalender, sucht eine Lücke, will im Koordinatensystem seines Alltags einen Punkt finden, an dem ich endlich mit ihm reden kann – es will und will nicht klappen, es ist alles dicht.

»Um zehn Uhr habe ich eine Konferenz, der sich dann gleich eine weitere anschließt«, sagt er, nun plötzlich irritiert über sich selbst. »Man wird ja richtig verplant«, entschuldigt er sich; und dann ein Seitenhieb auf die Sekretärin: »Sie muß mir in Zukunft ein paar Termine freischaufeln.«

So wird es mit unserem Gespräch vorerst nichts werden – die Konferitis hat ihn ergriffen, eine Krankheit, die sich aufführt wie eine hartnäckige Grippe: Kaum einer wird von ihr verschont.

*

Das Konferenz-Ritual ist immer das gleiche: Da gibt es einen, der sie einberuft, einberufen kann, darf, soll, muß, will – und all die anderen, die erscheinen müssen, dürfen, sollen, können. Der Häuptling sitzt zumeist am Kopfende des Tisches, manchmal aber plaziert er sich auch jovial inmitten der anderen, die hier dennoch nur Indianer sind.

Sehr aufschlußreich ist, wer wann erscheint. Aufsteiger, die den Sprung nach oben noch vor sich haben, sind einige Minuten vor dem Termin da, legen schon mal ihre Akten auf einen Stuhl im Sichtfeld des Häuptlings, was tut man nicht alles für die Karriere. Andere wieder erscheinen erst einige Minuten nach Beginn, damit ihr Kommen bemerkt wird, dessen Verspätung sie mit einem leisen, aber doch hörbaren »Ich hatte noch zu tun« entschuldigen.

Und dann geht der Express los – wobei niemand weiß, wo er ankommt – trotz Tagesordnung mit »Zielvorgabe«. Denn nun läuft alles plötzlich auf verschiedenen Gleisen: Tatsachen, Meinungen, Interpretationen, dazu Umsatzkurven, Statistiken, Analysen. Wohl dem, der jetzt seine Argumente wie Lampions an einer Schnur schön sauber hintereinander aufreihen kann. Auch hier: die Hackordnung! Auch hier natürlich das Aufspringen der Trittbrettfahrer, sobald eine Meinung sich erfolgreich zu formieren beginnt.

Und manchmal geschieht dann das Schlimmste: Plötzlich schaut der Häuptling auf die Uhr, sagt, daß er jetzt einen anderen »unaufschiebbaren« Termin habe, und murmelt noch, daß die Diskussion »im kleinsten Kreis« fortgesetzt werde – und jeder Indianer kann sich nun fragen, ob er beim nächsten Mal auch noch dazugehören wird.

*

Täuschen wir uns nicht: Bei Konferenzen geht es, auch wenn noch so viel »von der Sache« geredet wird,

immer auch um Menschen und ihre Schicksale: Der
eine schießt mit einer geglückten Formulierung wie
eine Rakete in den Manager-Himmel, der andere
stürzt wie eine Sternschnuppe hernieder, ohne es vielleicht selbst zu bemerken.

Jede Konferenz ist eine Weggabelung, und allzu
schnell kann man im Irrgarten landen. Da ist es schon
besser, sich wirklich ein paar Termine »freizuschau-
feln« – zumal manche Konferenz doch leider wirklich nur eine Veranstaltung ist, bei der, nach Werner
Finck, dem Spötter, »viele hineingehen und wenig
herauskommt«. Ja, Konferenzen und Karrieren sind
eine geheimnisvolle, gefährliche Welt.

Der »Neue« in einer Firma –
aber die Schonfrist ist nur kurz

Plötzlich geht die Tür auf, der Chef tritt ein, an seiner Seite ein unbekannter Herr, den wir nicht kennen, von dem wir nie etwas wußten, dessen Namen wir jetzt erfahren und die Tatsache, daß er von nun an zu uns gehören wird, daß er in unserer Firma eine wichtige Aufgabe übernehmen wird – er ist »der Neue«.

Wir schauen in sein Gesicht. Freundlich sieht er aus. Aber ist das nicht vielleicht nur eine Maske? Wir wissen von dem psychologischen Gesetz, daß sich Sympathie und Antipathie in den ersten sieben Sekunden einer solchen Begegnung entscheiden, aber daran denken wir jetzt nicht. Unser inneres Radargerät ist ganz auf Empfang geschaltet. Denn natürlich spüren wir, daß mit dem Neuen wirklich etwas Neues in unser Leben kommt.

*

Aber erst einmal gibt es Alltägliches. Der Neue braucht ein Zimmer, eine Sekretärin, ein Telefon. Er bekommt sogar ein besseres Zimmer als wir es haben, die schon so lange da sind. Ein schneller Händedruck – »Wir sehen uns ja noch, viel Glück«, sagen wir. Der Chef hat es eilig, er will seine Runde machen, und der Neue antwortet, auch eilig: »Danke, ich kann es gebrauchen.«

Von nun an wird nichts mehr so sein, wie es war. Der Neue wird dabeisein, wenn wir zusammenkommen! Bei Konferenzen, in der Kantine, auf dem Korridor, vielleicht werden wir sogar mit ihm Freund, vielleicht auch nicht, gleichviel: Der Film unseres Lebens hat einen neuen Mitspieler.

Kein Wunder, daß uns nun eine grenzenlose Neugierde ergreift, daß wir all die kleinen unscheinbaren Signale beachten, die der Neue aussendet. Wird er zu uns ins Zimmer kommen, wenn er uns das erste Mal sprechen will, oder wird er uns zum Gespräch bitten? Geht er abends noch auf ein Bier mit uns, oder hat er immer gerade eine andere Verabredung? Besteht er darauf, den besseren Parkplatz zu bekommen, oder ist er auch mit dem zweitbesten zufrieden? Kleinigkeiten? Kleinigkeiten! Aber sie entscheiden so viel. Ein Neuer kann Fehler machen, ohne es zu merken. Es ist schwer, ein Neuer in einer neuen Firma zu sein, wo die anderen es am liebsten hätten, daß alles beim alten bliebe.

*

Aber noch ist das Rennen offen. Noch gehen wir behutsam miteinander um. Wir sind von ausgesuchter Höflichkeit. »Würden Sie so freundlich sein ...« Aber dann wird es irgendwann den ersten Ärger geben, Meinungsverschiedenheiten, schwierige Konferenzen, Kompetenzgerangel, all diese kleinen Schnittwunden, die so schmerzen und die nur langsam heilen – und dann werden sich die alten Kollegen abends ans Telefon hängen und über den neuen Kollegen reden und reden und reden ...

Was hilft? Es hilft, sich daran zu erinnern, daß man selbst einmal der Neue im Dschungel einer alten Firma war.

Nehmen wir also den Neuen erst einmal als das, was er wirklich ist: nicht gut, nicht schlecht, eben einfach nur neu. Und geben wir ihm eine Chance!

Von Aufsteigern und Gestürzten:
Wenn eine Sachbearbeiterin
die Zukunft durchrechnet

»Hier hat sich im letzten Jahr ja überhaupt nichts verändert«, sage ich, um irgend etwas zu sagen, während
ich mich im Zimmer umschaue, im sechsten Stock,
Bürohaus, schmaler Ausblick zum Himmel, zwischen Aktendeckeln steht immer noch ihr uraltes
Radio – »spielt es noch?« Aber sie antwortet nicht,
nicht auf diese Frage, sie sagt vielmehr: »Sie irren sich,
Sie waren zuletzt vor drei Jahren hier. Ich weiß es genau.«

Kein Vorwurf, nur eine Feststellung. Aber bei mir
macht es wieder Rumms, wie immer, wenn die Zeit-
maschine im Kopf nicht mehr richtig tickt.

Sie spürt meine Erschrockenheit. »Ja, die Jahre sind
futsch«, sagt sie nun, und lächelt, um mich zu trösten,
»aber machen Sie sich nichts daraus, das geht vielen
so, die zu mir kommen.«

Nun zeigt sie zu den Aktendeckeln, es sind Hun-
derte, »jede Akte ein Schicksal« – sie enthalten Unter-
lagen für Steuern, Versicherungen, Krankenkassen,
für unser total durchorganisiertes Leben.

Die meisten Besucher kommen zu ihr, um sich ihre Zukunft »durchrechnen« zu lassen, was mal an
Rente kommen wird, beispielsweise. »Und wissen
Sie, was mich am meisten betroffen gemacht hat in all
den Jahrzehnten? Es ist das unglaubliche Mißverhält-

nis zwischen dem, was sich die Menschen erhoffen –
und dem, was sich davon wirklich erfüllt.«

Die Sachbearbeiterin – oh, welch schreckliches
Wort! – für das Personalwesen – noch so eine Wort-
krücke! – erzählt nun von den Aufsteigern, den Senk-
rechtstartern, sie kann ja die Karrieresprünge schließlich an den Gehaltsabrechnungen ablesen.

*

Und dann berichtet sie von dem, was es eben leider
auch gibt: den Sturz ins Bodenlose, den plötzlichen
Karriereknick, »ich hab hier gestandene Männer mit
Tränen in den Augen sitzen sehen.« Und dann die
Schicksalsschläge, die Tragödien! – »Ein Mitarbeiter
erleidet einen Herzinfarkt, seine Frau nimmt sich ein
halbes Jahr später vereinsamt und verzweifelt das Leben, vier Kinder bleiben zurück, für solche Tragik
gibt es keine Kostenstelle«, sagt sie zu mir, noch so ein
kühles Wort.

Und, um auf den Anfang unseres Gesprächs zu-
rückzukommen, fügt sie hinzu: »Ein Jahr ist eben
nicht ein Jahr. Jeder erlebt es anders. Wer Erfolg hat,
wer Glück hat, für den ist es ein Husch«, sie schnippt
einmal kurz mit den Fingern. »Aber fragen Sie mal jemanden, der von einem Jahr ein paar Monate im
Krankenhaus sein mußte, wie quälend endlos einem
solchen Menschen ein Jahr erscheint.«

*

Sie gibt mir nun die gewünschten Papiere fürs Finanz-

amt. »So wichtig sie sind, so sind sie doch nicht alles«,
sagt sie noch, die Sachbearbeiterin fürs Personalwesen auf der Kostenstelle XY, die von den Schicksalen
hinter den Zahlen auf den Gehaltsstreifen aber mehr
weiß, als Psychologie- und Philosophie-Professoren
sich je träumen lassen. Und der die Diskretion verbie-
tet, alles zu erzählen.

IV.
SCHÖN UND TRAURIG –
UNSERE KLEINE
PRIVATE WELT

Besuch in der alten Schule –
sie war das Heimweh nicht wert

Geheimnisvolle Seele. Da jagen wir durch die Zeiten, den Blick nach vorne gerichtet, immer neuen Zielen zu, und es scheint kein Halten zu geben.

Aber eines Tages überfällt uns eine rückwärts gewandte Sehnsucht und läßt uns plötzlich innehalten: Wir wünschen uns, endlich einmal die Stätten unserer Jugendzeit wiederzusehen.

Für mich gab es auf der Landkarte meiner Biographie nur noch einen weißen Fleck: meine alte Schule, an den Hängen des Thüringer Waldes gelegen.

Jahrzehntelang war sie durch den Todesstreifen zwischen Ost und West für mich unerreichbar, aber nun wollte ich mir meine alte Schule gleichsam selbst zum Geschenk machen.

Ich hätte es nicht tun sollen! Schon als ich meinen Wagen auf den Schulhof steuerte, als ich das alte, verwitterte Gebäude sah, überkam mich ein Gefühl grenzenloser Enttäuschung: Alles war viel kleiner, unscheinbarer, auch häßlicher, als ich es im Gedächtnis hatte, schließlich war ich 1944 zuletzt hier gewesen.

Meine Frau neben mir – sie kannte diese Schule aus meinen Erzählungen immer nur als schön und groß und hell und strahlend – sagte kein Wort.

Und ich? Ich schwieg auch. Ich fühlte mich wie ein

Schauspieler, der all die Jahre das falsche Stichwort genannt hatte – und der nun in ein ganz anderes Stück geraten war.

Denn meine Jugendzeit wurde hier nicht mehr gespielt! Zwar knirschte das Parkett auf dem Korridor wie damals. Zwar war der Schwefelgeruch im Chemiezimmer wie damals. Und in der Aula hingen immer noch die alten Gardinen. Auch die Tapeten: unverändert. Das Zimmer des Direktors gleich links – wie vor sechsundvierzig Jahren.

Obwohl ich also in der vertrauten Kulisse stand, wußte ich plötzlich dennoch, warum ich mich so verloren fühlte: Hier fehlten ja die Menschen!

Es fehlte zum Beispiel der geliebte und manchmal auch gehaßte Herr Direktor, der groß und hager und damals am Ende des langen Krieges wohl auch ein bißchen unterernährt war, weshalb wir ihn immer nur »Gandhi« nannten.

Ja, wenn »Gandhi« jetzt aus der Tür treten würde! Wenn er mich mit schnarrender Stimme examinieren würde, wer ich denn sei und was ich hier suche, und wenn ich dann antworten würde, ich sei doch der Schüler aus dem letzten Kriegsjahr, der als einziger immer eine Sechs in Latein hatte – und wenn »Gandhi« mich spätestens daran heute wiedererkannt hätte – ja, das wär's gewesen!

Und wenn meine Frau später zu mir gesagt hätte: »Ich hatte von ›Gandhi‹ nach deinen Erzählungen so ein ganz anderes Bild«, das wär's wohl auch gewesen.

Aber so? Nur ein Gemäuer, nur diese nun wirklich

alte, uralte Schule? Sie war das Heimweh nicht wert.

»Du hast dir das sicher alles anders vorgestellt!« sagte meine Frau bei der Rückreise in mein Schweigen hinein. »Vielleicht kann man Erinnerungen überhaupt nicht zurückholen.«

*

Meine Frau hatte recht! Es sind nicht die Mauern, wie ich bisher dachte, an denen meine Sehnsucht hing. Die Adresse unserer Sehnsucht – das habe ich bei diesem späten Schulbesuch ganz nebenbei nun doch noch gelernt – sind in Wahrheit nämlich immer nur die Menschen, mit denen wir ein Stück des Lebens teilten.

Die alte Dame wird mir verzeihen –
dachte ich

Jetzt biege ich in die Straße ein, die zum Krankenhaus führt. Ich stelle in der Kurve das Autoradio ab, ich kann die Rockmusik nicht mehr ertragen! Ich schaue auf den Blumenstrauß, den ich für sie besorgt habe, es sind Rosen, dunkelrote Rosen, ihre Lieblingsblumen.

Auf dem Parkplatz bleibe ich für einige Minuten sitzen, überlege, ob ich mich für meine Verspätung entschuldigen soll, daß ich nicht, wie versprochen, sogleich gekommen bin, nachdem sie hier eingeliefert worden ist.

Die alte Dame wird mir verzeihen, sie hat mir immer verziehen. Das schnelle Leben, das wir führen, war ihr ohnehin schon lange rätselhaft erschienen. »Wie bitte, du rufst aus Rom an, da war ich zuletzt vor vierzig Jahren, und das auch nur einmal – und du bist schon wieder dort?« – ihr Erstaunen klingt mir noch im Ohr.

Ich denke, daß ich doch sofort um Entschuldigung bitten werde. Es ist besser. Denn wie lange ist es her, daß ich mein »baldiges Kommen« angesagt hatte? Zwei Wochen, drei Wochen? Für mich sind sie wie ein Flügelschlag vergangen – aber wie lang muß ihr die Zeit nach der Operation erschienen sein: in dem einen Zimmer, in dem einen Bett, im trostlosen Rhythmus zwischen Fiebermessen, Arztvisite, den

Handreichungen der Krankenschwestern, dem Warten.

Seltsam, ich erinnere mich genau, in welchem Zimmer sie liegt – zweiter Stock, Nummer 27, obwohl sie
es doch eher beiläufig erwähnt hatte, »damit du mich
schneller findest«. Das Unterbewußtsein registriert
sehr genau, was von Bedeutung ist. Zimmer 27 war
jetzt von Bedeutung.

Ich werde die Blumen noch im Korridor auspak-
ken, damit sie, wenn ich eintrete, sofort sieht, daß es
Rosen sind, dunkelrote Rosen – sie soll sich sofort
darüber freuen können.

Sie wird mich sicher fragen, ob ich diesmal etwas
Zeit mitgebracht habe oder ob ich gleich wieder da-
voneilen müsse. Ich werde darum den Besucherstuhl
sofort an ihr Bett rücken, damit sie spürt, wie nahe ich
ihr sein möchte.

Nun stehe ich vor dem Zimmer – und erschrecke!
Ein Schild ist an der Klinke angebracht, unüberseh-
bar, es hängt auch nur an ihrer Tür, an keiner anderen
Tür auf dem langen weißen Korridor hängt ein solches Schild, ich lese: »Besucher wollen sich bitte erst
bei der Direktion melden.« Ein abweisender Text, er
kommt mir geradezu feindlich vor.

Warum hängt dieses Schild hier? Was ist passiert? Gilt diese Aufforderung nicht nur für die vielen
anderen fremden Besucher? Schon will ich die
Klinke herunterdrücken, aber der Mut verläßt mich:
In der Klinik gehört nichts mehr dir, die »Götter
in Weiß« sind es, die alles Geschehen in ihren Hän-

den halten, ich fühle mich ohnmächtig, verlassen, einsam.

*

In der Direktion erfahre ich, wie ernst es um die Patientin steht. Daß sie nach einer Spritze schläft. Daß man »nichts Genaues« sagen könne, aber leider auch nichts Ermutigendes. »Rufen Sie bitte später noch einmal an.«

Und am Abend höre ich vom Chefarzt, daß ich leider zu spät gekommen war.

*

Es ist ein Elend, daß wir da draußen in der gehetzten Welt immer wieder wichtige und unwichtige Termine durcheinanderbringen, sie hin- und herschieben, wie es uns gerade gefällt, und dabei dem Irrtum erliegen, die Uhren würden ewig laufen.

Der Vorsatz zum Jahreswechsel:
Keine guten Vorsätze mehr!

Welch ein wunderbares Leben! Wie fühle ich mich plötzlich frei! Die ersten Tage des neuen Jahres, sie sind ein gefährliches Glacis – das ich früher nur voller Bangen betrat, weil ich mich in der Silvesternacht mit Versprechungen an mich selbst belastet hatte, obwohl ich doch aus Erfahrung wußte, daß ich sie trotz allen guten Willens nicht einhalten würde.

Ganz anders in diesem Jahr! Beim Endspurt eines Jahrtausends habe ich – der Anlaß ist bedeutsam genug – die Spielregeln für mein Leben geändert. Mehr noch: Ich habe mir ein neues Grundgesetz gegeben. Und Artikel Eins lautet kurz und bündig: Keine »guten Vorsätze« mehr!

In einer Zeit, in der das »neue Denken« die neue Rede ist, habe ich mir gesagt, daß ich mich wohl endlich auch daranmachen muß, ein paar alte Zöpfe abzuschneiden, und da waren mir vor allem die guten Vorsätze ohnehin schon immer suspekt.

Ich erinnere mich sehr genau an die schmerzhafte, ja demütigende Stunde, in der ich in den ersten Januartagen – schon dann! – mit mir haderte, als ich in einer Streß-Situation nicht zur Zigarette greifen durfte, weil ich es mir ganz fest vorgenommen hatte.

Es gelang mir auch, dieses königliche Gefühl wenigstens bis zum Fest der Heiligen Drei Könige zu erhalten, und allen Anfechtungen zu widerstehen. Aber kaum saß ich in der ersten Konferenz, kaum bot mir jemand eine Zigarette an, da fiel ich um wie ein Kegel.

Auch mit dem Sport, wozu ich übrigens schon den abendlichen Spaziergang um den Häuserblock rechnete, kam ich so recht nicht weiter: Mal gab es eine Fernsehsendung, die mich in den Sessel zwang, mal regnete es, mal war ich zu müde, gleichviel: Der Geist war kaum noch willig, und das Fleisch war ohnehin schon schwach.

Daß die Lektüre der vielen Lebenshilfe-Bücher mir etwas gebracht hätte, mich gar zur Vollkommenheit führte, kann ich leider auch nicht bestätigen, zumal mir das Wort des weisen Goethe zur rechten Zeit dazwischenkam, das lautet: »Vollkommenheit ist die Norm des Himmels« – ich selbst aber bin ein Erdenkind, also fehlerhaft, schwach, wankelmütig.

Nun bin ich nicht so vermessen, meine neue Devise »Keine guten Vorsätze!« im Sinne des großen Philosophen Immanuel Kant zum Prinzip einer allgemeinen Gesetzgebung zu erheben. Ich bin vielmehr voller Hochachtung, wenn ich auf Menschen treffe, die eisern ihre Spur ziehen, hinein in ein diszipliniertes Leben voller Askese, Fitneß und Selbstkontrolle.

Aber für mich selbst bin ich aus dem Wechselbad – hier der gute Vorsatz, am Festtag, dort das jämmerliche Versagen im Alltag – »ausgestiegen«. Versprechungen, die man nicht gibt, kann man bekanntlich auch nicht brechen. Und siehe da: Die Seele fühlt sich leicht, das Gewissen unbeschwert, die Selbstkasteiung ist zu Ende, der moralische Dauerauftrag gekündigt.

Dafür schreibe ich jetzt an einzelnen Tagen einzelne Schecks aus, denn irgend etwas Gutes ist an den guten Vorsätzen ja dran: eine Woche ohne Alkohol, einen überfälligen Besuch im Altenheim, einen Rosenstrauß außer der Reihe für meine Frau, einen langen Spaziergang auch nach der Tagesschau. So hoffe ich, wenigstens in kleinen Raten auch dem großen Ziel näherzukommen, das uns ja alle verbindet: immer noch besser zu werden!

Das alljährliche Herbst-Theater:
Wenn Männer erkältet sind ...

Spätestens in jenem Augenblick, da meine Frau nur lakonisch meinte: »Nimm dir doch ein Beispiel an Genscher!«, wußte ich, wo ich mich auf der Skala ihres Mitgefühls befinde: ganz unten, dort, wo gar nichts zählt, kein Schneuzen, keine Heiserkeit, kein Husten. Auch der Schal, den ich schon nachts beim ersten Halsschmerz umgebunden hatte, erweckte bei ihr morgens eher einen neugierigen als einen mitleidigen Blick. Wir waren also wieder einmal mittendrin im Alltagstheater dieses naßkalten Herbstes mit dem Titel: »Wenn Männer plötzlich erkältet sind.«

Denn die erschreckende Wahrheit ist: Mit einer solch simplen Sache kommt man heute als Mann nur noch schwer in die Gnade der Fürsorge, die man – nach eigenem Verständnis – gerade jetzt doch so dringend braucht.

»Genscher fliegt, kaum nach einem Infarkt aus dem Bett gejumpt, mal eben nach New York«, sagt sie, um dann die kurze Frage anzuhängen: »Und was machst du?«

Während ich dennoch dem Bett zielstrebig entgegenwanke, das Fieberthermometer in der einen, den Grog in der anderen Hand, wobei ich – zugegeben: etwas bockig – den Stoßseufzer loslasse: »Ich bin nun mal eben kein Genscher!«, ist Madame immerhin bereit, mir die Decke aufzuschlagen, kranke Männer brauchen das.

Plötzlich fällt mir ein, daß wir heute zu einer Party eingeladen sind. »Da wirst du wohl allein hingehen müssen«, sage ich nur zwischen zwei Nies-Attacken, worauf sich ihr Gesicht leicht verfinstert, sie hat dies Malheur wohl kommen sehen. »Ohne dich nie! Du bist doch wohl nicht deshalb krank geworden?« Aus. Punkt. Hatschiii ...

Während ich nun das Heizkissen auf die höchste Wärmestufe schalte, quält mich die philosophische Frage, warum Grippemänner eigentlich so wenig ernst genommen werden. Da höre ich – welch ein Trost –, wie meine Frau im Nachbarzimmer mit meiner Tochter telefoniert – die Nachricht vom »kranken Vater« ist immerhin bei diesem Telefonat die familiäre »Spitzenmeldung« – wie Gorbi bei der Tagesschau.

Inzwischen messe ich die Temperatur, 37,9 Grad, immerhin! Als sie mich fragt, lege ich aber zur Vorsicht mal drei Zehntel zu: 38,1 – sage ich. Nun müßte sich – denke ich, ihre Mitleidsschleuse ganz weit öffnen, aber Irrtum.

»Kein Grund zur Aufregung«, höre ich nur. »So etwas haben wir doch früher im Stehen abgemacht.« – »Ja, ja«, antworte ich, »aber ich bin trotzdem leider kein Genscher«, schiebe ich, immer noch innerlich verletzt, mürrisch nach.

Dann endlich: der Schlaf. Der Magier. Dieser Wundertäter. Diese Hoffnung, nach Stunden aufzuwachen und alles ist dann vielleicht vorbei: das Frösteln, der Halsschmerz, die 37,9 Grad.

Mein Schlaf dauert nonstop vierzehn Stunden. Es muß für sie eine lange Zeit gewesen sein, Zeit genug zum Nachdenken für starke Frauen über schwache Fieber-Männer. Denn als ich aufwachte, beugte sie sich zartfühlend über mich: »Ich glaube, du bist über den Berg.«

Und als ich sie nun gar mit der Nachricht verblüffte, ich könne sofort aufstehen, flötete sie mir nur ein »frühestens morgen« zu – Balsam für meine Seele. Sie hatte sich in den vielen Stunden, da mein schlafender Körper mit der Influenza kämpfte, in eine Samariterin zurückverwandelt, wie schön, sie servierte sogar Tee mit Honig, na bitte.

*

Warum nicht gleich so! Frauen sollten viel mehr Erbarmen mit ihren erkälteten Männern haben, nicht wahr?

Ein Enkel kommt –
der wichtigste Besuch des Jahres

Wenn ich jetzt noch einmal darüber nachdenke, dann weiß ich: Alles begann mit den Gummibärchen, mit diesen kleinen roten, gelben, giftgrünen Gummibärchen, die – in einer Großpackung und buntschillernd wie ein Kaleidoskop – auf dem Schreibtisch meiner Frau lagen.

Da diese süße Verführung nicht gerade unser bevorzugtes Naschwerk ist, erlaubte ich mir die beiläufige Frage: »Für wen hast du eigentlich diese Dinger gekauft?«

Da erfuhr ich: Er kommt! Wichtigster Besuch des Jahres, wenn ich es genau nehme – als Großvater immerhin! –, denn unser zwölfjähriger Enkel stand plötzlich ins Haus, »er landet schon heute abend in Hamburg«.

In den folgenden Stunden begann sich auf geheimnisvolle Weise alles um mich herum zu verändern, eine nervöse Stimmung in Erwartung des kleinen Prinzen: Meine Frau holte aus dem Keller eine alte Spielzeugkiste, ich mußte mein Bett räumen, denn der junge Herr hatte sich gewünscht, wie im vergangenen Sommer ausgerechnet in meinem Zimmer zu schlafen, »weil dort so viele technische Geräte stehen«.

Schlagartig wurde mir klar, wer jetzt die Hauptperson sein würde und wo ich in den nächsten Tagen in der Familie meinen Platz zu suchen habe – in der zweiten Reihe nämlich.

Das sorgfältig geplante Vergnügungsprogramm umfaßte Bootstouren auf der Alster, Ausflug an die Ostsee, Erklimmen des Fernsehturms, Karussellfahrten auf dem »Hamburger Dom«, Kino und Theater, wirklich ein Mammutfeuerwerk – meine Frau führte die Regie.

Und ich? Ich wurde gar nicht erst eingeplant. »Du hast ja doch nie Zeit!« sagte sie vorwurfsvoll. Ich muckte nicht einmal auf, die Erfahrung vergangener Jahre gab meiner Frau ja leider recht.

Dann aber geschah Unvorhergesehenes, und ein gnädiges Schicksal brachte mich noch ins Spiel. Denn da war: der Fernseher! Die Glotze. Der Zauberkasten, der den Trick enthielt: Weil Philip bei seinen Eltern höchstens eine Stunde fernsehen durfte, bei uns aber – dank Kabel mit zwanzig Programmen – stundenlang vor dem Bildschirm hockte, wurde ich unversehens zum Anwalt seiner Lieblingsbeschäftigung.

Während nämlich meine Frau eingedenk der Zusage an ihre Tochter (»Höchstens eine Stunde pro Tag«) immer öfter in die Defensive geriet und schließlich sogar der pädagogischen Verzweiflung nahe war, trat ich mannhaft für meinen Enkel ein: »Laß den Jungen doch wenigstens bei uns machen, was er will – und wenn seine Augen viereckig werden.«

Ich hatte plötzlich den richtigen Verbündeten gefunden, um als Großvater doch noch mitzumischen

– auch wenn es »nur« ein Fernseher war. »Erst bei den Enkeln ist man schließlich soweit, daß man die Kinder ungefähr verstehen kann«, schrieb einst Erich Kästner, der uns »Das fliegende Klassenzimmer« schenkte. Dieser Kenner der Kinderseele wußte: Das Unmögliche möglich machen, das ist es! Das ist das ganze Geheimnis des Kinderglücks.

Als Philip sich vier Tage später verabschiedete, gestand er: »Das Schönste bei euch war das Fernsehen.« Meine Frau konnte ihm nur noch sagen: »Das brauchst du aber deiner Mutter nicht zu sagen.« Und der Junge? Er hat es versprochen. Ehrenwort, großes Indianer-Ehrenwort!

Es gibt keinen Trost
beim »Auflösen« einer Wohnung

Wer schließt die Tür zuerst auf, meine Frau, ich? Einer von uns beiden muß die Tür aufschließen, obwohl wir wissen, wie schwer uns dieser Weg fällt. Habe ich mich eben im Flur nach der Post umgesehen, die auf dem kleinen Mahagonitisch lag, um mit der Verzögerung Zeit zu gewinnen, damit meine Frau inzwischen vorausgeht? Es gibt solche Augenblicke, in denen dich das Unterbewußtsein steuert. Immerhin waren wir gekommen, um einen Haushalt »aufzulösen«, der plötzlich seines Sinnes beraubt war – ein Todesfall.

*

Zuerst öffneten wir die Fenster, seit Wochen waren sie geschlossen, die Luft im Raum war wie von einer anderen Welt. Die Rosen sind verwelkt, die noch auf dem Schreibtisch standen, ein kleiner Gruß von Fleurop, eine Freundin hatte gehofft, die Blumen würden sie noch erreichen.

Ich blätterte in den Briefen und Postkarten, stapelte sie nach Behörden, nach Freunden. Eine Karte aus Mallorca rührte mich besonders: »Ich freue mich aufs Wiedersehen, ich bin sicher schneller bei Dir als die langweilige spanische Post.« Der Gruß eines Enkelkindes, es konnte die Post nicht mehr einholen, der

Tod war schneller gewesen. Zwei Mahnungen in den Briefen – »Wenn Sie nicht bis zum Monatsende zahlen, sehen wir uns leider genötigt ...« – vorgestanzt vom Computer, wer hat noch etwas anzumahnen?

Auf dem Fensterbrett, liebevoll aufgereiht, die Fotos: von der Familie, von einem Ferientag am Meer – das war im letzten Jahr, bevor die Krankheit kam, die ihr Leben langsam und unheimlich verwandelte, ein Widerschein unbeschwerter Tage.

In einer Schublade: die Heiratsurkunde, die polizeiliche Anmeldung, eine Scheckkarte, der Paß, all diese Papiere, die die Existenz begründen, ohne die man offiziell nichts ist – die auch jetzt gebraucht werden, und die doch nichts mehr bedeuten.

*

Da, ein Teddybär. Ihr Talisman. Ihr Talisman aus Kindertagen. Hindurchgerettet durch Bombennächte, Hungerjahre, Wunderjahre, immer stand er in ihrer Nähe, sicher hatte er einen Namen, den ich aber nicht kannte. So ein Teddy kann verdammt traurig wirken, wenn derjenige, der ihn anschaut, selber traurig ist.

Nun öffnen wir den Schrank: die Kleider, die Wäsche, die Mäntel, die Schuhe. Die Cashmerejacke vom vergangenen Weihnachtsfest hing da, kaum getragen. Dabei hatte sie sich so darüber gefreut – was soll jetzt Sinnvolles geschehen mit all den Sachen?

Wohin wir auch schauen, alles ist wohlgeordnet, der Abschied war nicht hastig, vielmehr sorgfältig von ihr vorbereitet. »Für den Fall, daß ich nicht wiederkommen kann«, hatte sie nur gesagt, als vor Wochen das Taxi vorfuhr, das sie in die Klinik brachte. Sie hatte es ganz ruhig und leise gesagt, mehr zu sich selbst, sie wollte andere nicht erschrecken, einsam ist man sowieso.

Aber auch wir, die wir nun in ihrer Wohnung sortieren, was verschenkt, was weitergegeben, was vernichtet werden soll – und was wir mitnehmen zur Erinnerung –, fühlten uns unendlich einsam.

*

Zweitausendmal werden bei uns täglich Wohnungen »aufgelöst« – wie diese. Das ist nur eine Zahl, das ist kein Trost. Das ist das Trostlose, daß es nämlich gar keinen Trost gibt.

Nach der »Hölle von Paris« – eine Tochter bittet ihre Eltern um Verzeihung

Daß man manchmal schon am Läuten des Telefons spürt, wenn etwas Außergewöhnliches passiert ist – diese Erfahrung ist nicht neu: Natürlich klingelt der Apparat immer gleich, ein physikalisches Phänomen ist es also nicht, es muß vielmehr etwas mit seelischen Schwingungen zu tun haben.

Mir erging es so, als vor ein paar Tagen eine Hotel-Telefonistin mit singender Stimme in französischer Sprache ankündigte, daß sie mich nun mit Zimmer 306 verbinden würde. Obwohl es überhaupt keinen Grund zur Unruhe gab – ich war unruhig!

Dann war auch schon meine Tochter am Apparat, atemlos berichtete sie mir, sie sei soeben »der Hölle entronnen«. Dabei war sie für zwei Tage mit ihrem Mann in »ihrer Traumstadt«. Und Paris, das ist doch nun wirklich keine Adresse für irgend-eine Form von Lebensangst, nicht wahr?

Aber meine Tochter hatte Lebensangst! Sie war plötzlich in die gewalttätigen Demonstrationen hineingeraten, die am Rande der Schüler-Proteste Angst und Schrecken verbreiteten: klirrende Schaufensterscheiben, brennende Autos, Steinwürfe, Plünderungen, Gummiknüppel, Wasserwerfer, die Schreie der Verwundeten.

Sie flüchtete in einen Hauseingang, war plötzlich

von Schlägern umzingelt, »ich dachte, hier kommst du lebend nicht mehr heraus, schrecklich diese Ohnmacht, und weit und breit keine Polizei«.

Und dann sagte sie, nach einer langen Pause: »Ich habe als Kind nie verstanden, wenn ihr mir etwas vom Krieg erzählt habt – aber seit heute verstehe ich euch! Erst jetzt habe ich überhaupt eine Ahnung davon, was ihr damals durchgemacht habt, diese grausame Angst um das eigene Leben.«

Meine Tochter, geboren in den fünfziger Jahren, die man heute ja in seltsamer Verklärung bereits die »Goldenen Fünfziger« nennt, hatte natürlich seit ihrer Kindheit schon oft in die Fratze der Gewalt geblickt – allerdings immer nur im Fernsehen!

Aber hier in Paris, das war nun doch etwas ganz anderes, das war Straßenschlacht, da war sie »live« mittendrin, als Menschen voller Haß in blinder Wut notfalls auch bereit waren, den Tod in Kauf zu nehmen.

Ich erinnerte mich plötzlich schmerzhaft an die Sprüche meiner Mutter, die mir die ewig gleiche Geschichte vom »Steckrübenwinter« 1916/17 auftischte, wenn ich in den Hungerjahren nach Kriegsende 1945 am Essen herumnörgelte. Ich wollte damals auch von ihren »schrecklichen Kindheitserlebnissen« partout nichts wissen.

Und so schließt sich der Kreis. Als ich den Hörer auflegte, dachte ich, daß auch erwachsene Kinder doch immer noch etwas Neues an ihren Eltern entdecken können: Wenn nämlich das Schicksal ihnen plötzlich leibhaftig etwas zumutet, was die Eltern schon längst hinter sich gelassen haben.

Irgendwann einmal holt die Erfahrung uns alle ein – und dann sind wir auf einmal auch bereit, den Eltern zu verzeihen, die uns bis dahin mit all dem langweilten, was sie selbst so entscheidend geprägt hat.

Und was leider oft genug, wie jetzt in Paris, die »Hölle auf Erden« war, von der meine Tochter noch sagte, sie würde diesen Schock nie vergessen können. Was aber werden ihre Kinder denken, wenn sie nun davon erzählt?

Wenn ein Mensch
nur noch auf die Rente wartet

Seltsam, dieses Nebeneinander in unserem Leben, diese Flüchtigkeit, mit der wir hinschauen, ohne doch etwas wirklich genau zu sehen. Das Ritual in der Tiefgarage war immer dann, wenn wir zur selben Zeit unsere Wagen nebeneinander parkten, das gleiche: Wir wünschten uns einen »guten Tag« und verbanden den Gruß mit ein paar Belanglosigkeiten, meistens ging es um das Wetter. Doch heute war es anders ...

Heute spürte ich, daß er Wert darauf legte, noch ein paar Schritte neben mir zu gehen, hinauf in den Bürotrakt, wo wir jeder in einem Zimmer verschwanden, eine Arbeitsfalle, in die wir hineinliefen, um abends – dann meist zu verschiedenen Zeiten – das Auto wieder abzuholen.

Er verriet mir, fast verschwörerisch, daß sein Platz »irgendwann demnächst« frei würde, ich könne mich ja darum bemühen: Er wußte, daß ich immer um eine Säule herum einparken mußte – ja, sein Platz war wirklich leichter zu erreichen, war einen Tausch wert.

»Ich zähle die Tage, die ich hier noch abreißen muß«, sagte er, und nun schaute ich überrascht in sein Gesicht. Er sah, obwohl noch nicht sechzig, müde aus, abgekämpft. Er blieb plötzlich stehen – vielleicht waren wir zu schnell gegangen, vielleicht meldete sich sein Herz, ich hatte mal von seinem Bypass vor Monaten gehört, jetzt erinnerte ich mich wieder.

»Ich bin froh, wenn die Tage hier 'rum sind«, wiederholte er seinen Gedanken mit anderen Worten. Noch hätten die Herren da oben nicht entschieden, aber er hoffe doch, bald »rauszukommen«, wenn das mit der Rente klar sei – Intrigen hätten ihn mürbe gemacht.

Dann ging er, leicht gebückt, den Korridor entlang, endlos, dieser Korridor, eine Tür wie die andere. Hinter einer, ganz am Ende, war sein Leben – sein Büro-Leben – nun abgelaufen. Seltsam, dieses Nebeneinander in den menschenschluckenden Hochhäusern! Daß hier jemand ein paar Wochen, für ein paar Monate vielleicht, die Tage zählt, die er noch »abreißen« muß – das ging mir nach.

Die Frage, was wir miteinander falsch machen, daß einer im Büro hinten links, letzte Tür, kostbare Zeit nur noch »absitzt«, ließ mich erst los, als ein Besucher kam, da hatte mich der Alltag endgültig wieder eingeholt.

*

Zwei Monate später bekam ich seinen Garagenplatz. Er ist bequemer, aber das ist leider auch schon alles.

Rückkehr aus dem Süden:
Der Überfluß der Welt
und das salzige Meerwasser

Was hat Gottfried Keller gemeint, als er uns empfahl: »Trinkt, o Augen, was die Wimper hält, von dem goldenen Überfluß der Welt«?

Meinte er die Mandelbäume, die ich gestern noch in einem kleinen spanischen Ort sah, die blumenübersäten Wiesen, den Sonnenuntergang, die fröhliche Großfamilie am Ecktisch einer Bodega, die so herzhaft lachte, wie ich es hierzulande niemals hörte? Arme Leute, ohne Zweifel, aber glücklich!

Und nun, vierundzwanzig Stunden später? Ich gehe durch unsere Straßen, durch verschwenderische Ladenpassagen, schaue in die Auslagen – und meine Augen werden tellergroß.

Da wird Mode in den feinsten Vokabeln dekliniert: Kaschmir, Mohair, feinste Seide, edles Leinen, das nach der Werbung sogar noch »edel knittert«. Und Belseta, die neue Superfaser aus der Retorte, die die Haut verwöhnen soll. Die Preise? Himmelstürmend, sie scheinen jede Bodenhaftung verloren zu haben: ein Pullover, mit Perlen und Werbeemblemen bestickt, im Gegenwert des Monatsgehalts (brutto) einer Chefsekretärin! Für dies bißchen Textil muß sie zwanzig Tage im Neonlicht eines Büros arbeiten, Netto-Lebenszeit natürlich.

Und dann im Kaleidoskop des Wohlstands all die

anderen Dinge! Schuhe, farblich zum Kleid abge-
stimmt, handgearbeitet, in Kroko oder Wildleder, ein
halber »Riese« für das zierliche Schuhwerk – Papper-
lapapp! Kosmetik in Tiegeln und Flaschen, grün,
gelb, lila, eine ganze Armada gegen Falten, die doch
dem Gesicht erst die Fasson geben. Wegwerfuhren
hier, brillantenbesetzte Meisterstücke dort, so teuer,
daß sie sich erst in der dritten Generation im nächsten
Jahrtausend lohnen können (Reparaturen nicht ein-
gerechnet).

Und dann die Autos! Sie gleiten wie Panther dahin,
alle blankgeputzt, hundert PS für Tempo 10, im Fond
stapeln sich Einkaufstüten, als ob morgen schon wieder Weihnachten ist, alles atmet rundum Wohlbeha-
gen.

Nun hebe ich meinen Blick, schaue in die Gesichter der Menschen, die um mich herum flanieren, die
schon mit ihrem durchgestylten Outfit signalisieren,
daß sie mithalten können im Rennen um all das irdische Glück, das uns vergönnt ist – und die doch auf
seltsame Weise angespannt wirken, sogar dann, wenn
sie sich entspannt geben.

Es ist so eine schwankende Stimmung zwischen
»Schaut her, ich hab's erreicht«, »Mir geht's gut, was
kostet die Welt!«. »Ich bin rund, na und?« – »Kann
denn Luxus Sünde sein?« und dem anderen tief im
Herzen verborgenen Gefühl, ob man sich da nicht
in ein Spiel eingelassen hat, dessen Ausgang unge-
wiß ist: Wenn man vom Besten das Allerbeste, vom
Feinsten das Allerfeinste schon erreicht hat, was

gibt es dann noch zu träumen zu erhoffen, zu gewinnen?

Nicht, daß da etwa ein schlechtes Gewissen tickt, daß gar etwas Unrechtes dabei ist, wenn man sich etwas gönnt (weil man sich ja sonst nichts gönnt) – nein, das nicht!

Aber hat nicht doch Schopenhauer recht, der den Reichtum mit dem salzigen Seewasser verglich: »Je mehr man davon trinkt, um so durstiger wird man.«?

War es also ein Zufall, daß ich unten im Süden, wo alles so viel schlichter, auch bescheidener und ärmer ist, doch viel öfter ein Lachen hörte, daß ich eine die Seele anrührende Herzlichkeit sogar dann spürte, wenn ich die Sprache nicht verstand?

*

Wir müssen aufpassen, daß wir im Gleichgewicht bleiben, die Balance nicht verlieren. Daß wir – wenigstens dies! – uns darüber freuen, wie gut es uns hierzulande geht. Und daß wir, um es noch genauer zu sagen, nicht versäumen, den äußeren Reichtum in inneren Reichtum zu verwandeln.

Verstecken Sie sich nicht
am 60. Geburtstag!

Lieber Freund, nun werden Sie also sechzig Jahre alt. Sie haben mir vor ein paar Tagen gesagt, Sie hätten Angst vor diesem Tag. »Von nun an geht's bergab.« Ich höre Ihre Stimme noch, es sollte salopp klingen, aber die Melancholie klingt in mir nach, die darin verborgen war. Und ich kann es Ihnen auch nachfühlen: Das Gefühl für die Brüchigkeit des Lebens wird nun immer stärker! Und doch möchte ich Sie warnen.

Am Telefon sagten Sie mir auch, Sie wüßten nicht, ob Sie diesen Tag nun »ganz groß« feiern sollten – oder ob Sie sich nicht lieber verstecken, »abtauchen«, wie Sie meinten, und ich habe Ihnen ganz spontan zugeredet, sich dem Tag zu stellen.

War das richtig? Ich denke schon. Und wenn Sie diesen Tag festlich begehen, auch mit den Freunden und den Kollegen, dann werden Sie am Abend ganz Erstaunliches feststellen, was es bei keinem Geburtstag zuvor je gegeben hat: Sie haben einen »Bilanz-Geburtstag« gefeiert.

Damit meine ich nicht etwas, was mit Aktien, Besitz, Materiellem zu tun hat. Damit meine ich, daß Sie die Bilanz Ihres Lebens – eine Art persönliche und berufliche Bilanz – ziehen können.

An einem solchen Tag sollte man vor allem etwas tun, wovor man sich sonst oft fürchtet: Man sollte den Menschen, mit denen man bis heute auf dieser Weltenbühne aufgetreten ist, in dem gemeinsamen Stück, das Leben heißt, eine Chance geben, damit sie ihre Beweise von Zuneigung, ja Liebe, hinterlegen können. Im Alltag ist das, wir wissen es, wir erfahren es stündlich, schwer: dieses Zeigen von Gefühlen, dieses Bekunden »ich mag dich, ich danke dir«. Da sind wir alle auf der Jagd nach irgendwelchen Zielen, da stellen wir uns auch mal gegenseitig ein Bein, da trennen uns Auffassungen, politische und andere – aber dann kommt ein Geburtstag, und auf wundersame Weise öffnen sich Türen, die wir längst verschlossen glaubten.

Nun lädt plötzlich der Chef, der unnahbare, zu einem Essen ein. Es rufen Freunde aus dem Ausland an, von denen man seit einer Ewigkeit nichts hörte. Da kommen Blumen einer Sekretärin, die uns vor zwanzig Jahren mal Tag um Tag mehr sah als die eigene Frau. Da können sie alle mit ihren kleinen Geschenken, die oft so hilflos wirken und doch so herzlich gemeint sind, ein Signal setzen: Auch du warst in meinem Leben wichtig.

Wenn man dann noch beim sechzigsten Geburtstag beschließt, alle lobenden Worte diesmal für bare Münze zu nehmen, dann wird man plötzlich feststellen: Es hat sich gelohnt, so alt zu werden, es gibt Erinnerungen, die nun in Gesprächsfetzen freudig auftauchen – und plötzlich ist die ganze Fülle da, und ein wunderbares Gefühl stellt sich ein: Dankbarkeit für gelebtes Leben.

Keine Angst also, mein Freund, vor diesem Geburtstag! Keine Angst auch vor den Schmerzen des Reiferwerdens (das Wort Älterwerden sollten Sie aus Ihrem Sprachschatz streichen). Und wenn Sie sich im Spiegel betrachten und so taufrisch nicht mehr fühlen – nehmen Sie alles schmunzelnd, sagen Sie sich nur: Hoffentlich werde ich so alt, wie ich aussehe.

Mit anderen Worten: Verstecken Sie sich nicht am 60. Geburtstag, es gibt noch viele Rosen zu pflücken, auch der Sonnenaufgang gehört noch Ihnen. Feiern Sie, lieber Freund.

Autofahrer im Nebel

Plötzlich tauchen sie vor mir auf, die tückischen Nebelbänke. Ich drossele die Geschwindigkeit. Ich starre nach vorne – ins Nichts. Ich blicke in den Rückspiegel – und ich habe Angst. Panische Angst.

Denn hinter mir fährt einer, der wahnsinnig sein muß. Er klebt mit seinem Wagen an meinem Wagen. Wenn uns vier, fünf Meter trennen, dann ist das viel.

Ich tippe ein paarmal leicht auf die Bremse, um ihm zu signalisieren: Nimm Abstand, Junge, laß das Auffahren! Aber vergebens!

Nun drossele ich meine Geschwindigkeit, er soll mich überholen. Wenn man doch in solchen Situationen miteinander sprechen könnte! Aber er tut es nicht – er kann es auch gar nicht, denn die Nebelschwaden sind innerhalb weniger Sekunden undurchdringlich geworden.

Die Sonne, die eben noch schräg am Himmel stand, ist längst verschwunden. Es gibt nur noch wie ein Schemen diese Straße, die tanzenden roten und gelben Lichter der Autos – Bremsleuchten, Scheinwerfer, hin und wieder Nebellampen.

Und es gibt Angst: Wenn ich jetzt bremsen würde, um abrupt nach rechts auszuscheren, um diese Höllentour zu beenden – ich könnte gerammt werden.

*

Also weiter! Die Musik im Autoradio wird jetzt unterbrochen. Wir werden gewarnt: »Dichter Nebel mit Sichtweiten unter zwanzig Metern behindert den Verkehr auf folgenden Strecken ...«

Hört der Mann hinter mir kein Radio? Er sieht, gerade weil er nichts sehen kann, doch auch die Gefahren! Warum bleibt er mir trotzdem so dicht auf den Fersen? Hat er Angst wie ich? Ober bin ich sein Pfadfinder?

Da geschieht das Ungeheuerliche: Jetzt werden wir beide auch noch überholt! Ein dritter Wagen schießt an uns vorbei – hinein ins Ungewisse.

»Der ist total verrückt!« schreie ich, obwohl ich alleine im Auto sitze und mich niemand hören kann. Wenn ich hier jemals heil herauskomme, mache ich drei Kreuze.

Wer fährt da eigentlich neben mir, vor mir, hinter mir? Es können doch nicht alles »Kamikaze-Fahrer« sein, wie ein Polizeisprecher später sagen wird, wenn in den Abend-Nachrichten von den Massenkarambolagen berichtet wird.

Nur ein paar Kilometer weiter haben sich über 60 Autos innerhalb weniger Sekunden wie kämpfende Hirsche im Todeskampf ineinander verkeilt, meldet der Rundfunk.

Und später sind im Fernsehen auch noch die Bilder des Schreckens zu besichtigen: Autos, die nur noch Schrott sind, Sanitäter, die Verwundete suchen, Polizisten, die nur noch Notare des Wahnsinns sein können.

Was treibt uns, wie Lemminge die Spur des Todes zu suchen? Wer ist in diesem Spiel des Leichtsinns – bei Auffahrunfällen, bei waghalsigen Überholmanövern – Mörder und wer Opfer?

Jemand sagt abends beim Anblick der *Tagesschau:* »Ich kann mir nicht helfen, ich glaube, wir Menschen sind hinter unserer Technik hinterher, geistig, charakterlich, in jeder Beziehung. Die Technik hat uns längst überholt, sie ist heute viel weiter als wir selbst. Das gilt für die Waffen des Krieges genauso wie für den Krieg, der täglich auf unseren Straßen stattfindet.«

*

Er hat recht – die Zahl der Verkehrstoten ist der Beweis.

»Mensch, du siehst fabelhaft aus!«

Wir hatten uns ein paar Monate nicht gesehen, er stand plötzlich vor mir, groß und hager wie immer, in seinen Augen blitzte es kurz auf, als auch er mich erkannte, aber nur für eine Sekunde, dann war wieder eine Dunkelheit um ihn, die ich so bei ihm nicht kannte – es konnte nicht allein an diesem trostlosen Novembertag liegen!

Mein Blick erfaßte nun seine ganze Gestalt, die leicht gebückt war – auch das war neu –, und dann noch einmal sein Gesicht, in dem ich einen schmerzhaften Zug entdeckte. Aber gleichwohl sagte ich zu ihm: »Mensch, du siehst aber fabelhaft aus!«

Ich sagte es leichthin, einfach so, und erst jetzt begann ich nachzudenken, wie ich angesichts seines traurigen Erscheinungsbildes überhaupt zu einem solchen Satz finden konnte. Ich hatte nun leider wirklich nicht die Wahrheit gesagt!

»So, findest du?« fragte er auch schon zurück, etwas Lauerndes war in seiner Stimme, als ob er erwartete, daß ich meiner Schnelldiagnose hier auf der Straße noch etwas hinzufüge: eine Erklärung, wie ich denn ausgerechnet zu diesem Befund gekommen wäre.

Und in der Tat: Nun, da wir beide in den Lichtkegel eines Schaufensters traten, erkannte ich noch deutlicher als zuvor, daß ihn Sorgen bedrückten.

Ich wollte mich schon korrigieren, ich fragte mich, ob Ehrlichkeit nicht besser sei. Meine Gedanken rotierten, aber dann blieb ich doch – war es Feigheit? War es Bequemlichkeit? – bei meiner Aussage. Ja, ich verstärkte sie noch, als ich, ohne es sagen zu wollen – so etwas gibt es! – noch hinzufügte: »Ich hoffe, es geht dir so gut, wie du aussiehst!«

Was er mir dann in den nächsten Minuten erzählte, war Alltag: Ärger im Büro, Probleme mit den Kindern, Eheprobleme obendrein. Er sprach in Andeutungen, knapp und kurz, verstummte plötzlich – von sich selbst redete er nicht, aber das fiel mir erst später auf.

Als wir uns getrennt hatten, überkam mich ein schlechtes Gefühl, wie es immer entsteht, wenn man in einem Gespräch mit falscher Münze zahlt.

Aber was hätte es ihm genützt, fragte ich mich selbst zum Trost, wenn ich die ihn erschreckende Wahrheit wirklich angesprochen hätte? Vielleicht hat ihm, im Gegenteil, meine Bemerkung sogar Auftrieb gegeben: Wer möchte nicht jünger erscheinen als er ist, frischer, gesünder, besser aussehend? Was man so im Zusammenhang mit Komplimenten denkt.

Ein paar Tage später hörte ich zufällig, daß der Mann in ein Krankenhaus eingeliefert werden mußte. Nun war mir klar, warum unser zufälliges Gespräch so oberflächlich verlaufen war, so belanglos, so wertlos auch, wie es eben immer ist, wenn man mit kleiner Münze, ja sogar mit Falschgeld zahlt.

Wir wollen es leicht haben, nicht wahr? Nichts hö-

ren von den Sorgen anderer. Abschotten, dichtma-
chen, Augen zu! Wir haben selbst genug Gepäck. Mit
diesen nichtssagenden, oft auch noch unwahren
Komplimenten versuchen wir doch nur, uns an der
Wahrheit vorbeizumogeln.

Und wundern uns dann – wechselseitig! –, daß wir
in Wahrheit und in der Tiefe unserer Seele oft so einsam sind.